Y0-AJH-009

MARITIME HISTORY SERIES

Series Editor

John B. Hattendorf, *Naval War College*

Volumes Published in this Series

Pietro Martire d'Anghiera, et al.
The history of travayle in the West and East Indies (1577)
Introduction by Thomas R. Adams,
John Carter Brown Library

Alvise Cà da Mosto
Questa e una opera necessaria a tutti li naviga[n]ti (1490)
bound with:
Pietro Martire d'Anghiera
Libretto de tutta la navigatione de Re de Spagna (1504)
Introduction by Felipe Fernández-Armesto,
Oxford University

Martín Cortés
The arte of navigation (1561)
Introduction by D. W. Waters,
National Maritime Museum, Greenwich

John Davis
The seamans secrets (1633)
Introduction by A. N. Ryan, University of Liverpool

Francisco Faleiro
Tratado del esphera y del arte del marear (1535)
Introduction by Onesimo Almeida, Brown University

Gemma, Frisius
De principiis astronomiae & cosmographiae (1553)
Introduction by C. A. Davids, University of Leiden

Tobias Gentleman
Englands way to win wealth, and to employ ships and marriners
(1614)
bound with:
Robert Kayll
The trades increase (1615)
and
Dudley Digges
The defence of trade (1615)
and
Edward Sharpe
Britaines busse (1615)
Introduction by John B. Hattendorf, Naval War College

Pedro de Medina
L'art de naviguer (1554)
Introduction by Carla Rahn Phillips, University of Minnesota

Jean Taisnier
A very necessarie and profitable booke concerning navigation (1585?)
Introduction by Uwe Schnall,
Deutsches Schiffahrtsmuseum, Bremerhaven

Lodovico de Varthema
Die ritterlich un[d] lobwirdig Rayss (1515)
Introduction by George Winius, University of Leiden

Gerrit de Veer
The true and perfect description of three voyages (1609)
Introduction by Stuart M. Frank, Kendall Whaling Museum

Die ritterlich un[d] lobwirdig Rayss

(1515)

Lodovico de Varthema

A Facsimile Reproduction
With an Introduction by

GEORGE WINIUS

Published for the
JOHN CARTER BROWN LIBRARY
by
SCHOLARS' FACSIMILES & REPRINTS
DELMAR, NEW YORK
1992

SCHOLARS' FACSIMILES & REPRINTS
ISSN 0161-7729
SERIES ESTABLISHED 1936
VOLUME 477

New matter in this edition
© 1992 Academic Resources Corporation
All rights reserved

Printed and made in the United States of America

The publication of this work was assisted by a grant from the
National Endowment for the Humanities,
an agency of the Federal government

Reproduced from a copy in,
and with the permission of,
the John Carter Brown Library
at Brown University

Library of Congress Cataloging-in-Publication Data

Varthema, Lodovico de, 15th century.
[Itinerario. German]
Die ritterlich un[d] lobwirdig Rayss (1515) /
Lodovico de Varthema ;
a facsimile reproduction with an introduction by
George Winius.
p. cm. —
(Scholars' Facsimiles & Reprints, ISSN 0161-7729 ; v. 477)
(Maritime history series)
Text in German, introduction in English.
Originally published: Augsburg, 1515.
Includes bibliographical references.
ISBN 0-8201-1477-4
1. Middle East—Description and travel.
2. India—Description and travel—1498-1761.
3. Varthema, Lodovico de, 15th century—Journeys—
Middle East.
4. Varthema, Lodovico de, 15th century—Journeys—India.
I. Winius, George D. (George Davison)
II. John Carter Brown Library.
III. Title.
IV. Series: Maritime history series (Delmar, N.Y.)
DS47.V3715   1992
915.04'3—dc20   92-23009
CIP

Introduction

The *Itinerario* of the Bolognese traveler, Lodovico di Varthema, first published in 1510, represents a critical nexus in world history. It begins with its author's clandestine voyage down the Red Sea as the only means of reaching an Asia all but closed to Europeans, and it ends with his return to Europe in the comparative safety and comfort of a Portuguese fleet. He was therefore witness to the beginning of an historical process which today might be considered as a twin to the discovery of the Americas—namely the opening of Asia to European influence through Vasco da Gama's passage of the Cape route around Africa.

Americans, of course, are far more aware of the Columbian discoveries and their consequences than they are of the circumnavigation of Africa, but at that juncture—1510—when Varthema's account was published, the Western Hemisphere had still to emerge as a conscious subject of general, public interest. There was still too much uncertainty over just what parts of the world Columbus had discovered; he maintained steadfastly that he had found some little-known part of Asia. Others had begun to suspect that he had found something else—witness the *Mundus Novus* letter attributed to Amerigo Vespucci—but in any case, the Americas must have seemed vague and insubstantial. Hence attention remained focussed on the East; in fact, it would be almost two centuries before the Americas caught the European fancy and the Western Hemisphere came to rival Asia in the popular imagination.

Within a few months of his return to his native Italy, Varthema had composed his *Itinerario*, and it appeared in its

INTRODUCTION

original version just in time to feed the enormous hunger for information about the outer world which had been growing even before the most recent discoveries had been made. This interest had begun with the book by Marco Polo, which had been available in handwritten form since the early fifteenth century. (Around 140 manuscripts of it are known to exist in some fifteen European languages and dialects.) No sooner had printing become established on the European scene than the story of Polo's travels was republished again and again in this mass medium. Meanwhile, public appetites for news of the Orient were further whetted by the appearance of pseudo-accounts like those of "Sir John Mandeville" and secondhand ones like the *India Recognita* of Giovanni Poggio Bracciolini, based on the peregrinations of another fifteenth-century Italian, Nicolò de Conti, who had recounted them to Poggio, a book published in Milan in 1492. Then, as lately as 1487, accounts had been printed of the Venetian missions to Persia. Though these did not speak of other lands farther to the East, they were influential in creating a demand for more information about oriental travel in general.

Thus, it was Varthema's account which afforded the truest and most recent glimpse then extant of India and beyond, and while some modern specialists tend to disbelieve that the author had ever visited Banda or the Moluccas, because his chapters concerning these places appear too vague and inaccurate, there is every reason to suppose that his narrative of travels in the Middle East, India, and Malacca are genuine and that they provide the best picture of the region just at the moment when the Portuguese were arriving in Asia with their fleets and colliding with the Arabian merchants and the Samorin of Calicut. For moderns, Varthema's account also contains an interesting clue regarding Western cultural and technological transmission to the non-

INTRODUCTION

Western world: at Calicut, he encountered deserters from the fleets of Da Gama or of Cabral who had been engaged by the sovereign to cast artillery for use against the Portuguese, illustrating how rapidly the transfer of Western technology progressed.

Readers in the early sixteenth century, however, were unaware of these conjunctural aspects which so greatly interest us today; they only knew that the *Itinerario* afforded fresh and exciting glimpses of a mysterious world which fascinated them. Moreover, Varthema provided a personal, first-hand narrative, wherein he related his own observations and feelings about the environments in which he traveled as well as a description of the things he observed in them. For such a work of the period, this was something very rare and appealing. Within a year of its first publication in 1510, there was a Latin edition published in Milan; then came the German one of 1515, to be followed in 1520 by one in Spanish published in Seville. The German edition reproduced here in facsimile from the copy in the John Carter Brown Library, incidentally, is exceedingly rare. It exists in only a few copies, characterized by its unusual woodcuts.

To historians of the European expansion, Varthema is of the greatest interest because places he visited and describes were already or soon to be of great importance to the oncoming Portuguese, who either conquered, acquired, or fought with them only a few years later. He provides a veritable inventory of all the cities and areas, which within a decade or less, were to play a major role in the establishment of the Portuguese empire: Ormuz, Aden, Diu, Goa, Malacca, the Banda Islands, and the Moluccas. Leaving aside whether or not he was ever in Malacca (and I believe personally that he was—though I am not so sure about his travels into the Malay Archipelago), the information he provides does at least

INTRODUCTION

jibe with and supplement what is known from other sources.

Even more fundamentally than this, the very pattern of his travel explains why the Portuguese went to all the same places and why they established themselves where they did. It has long been a tenet of mine that exploration and discovery in the Atlantic—and later in the Pacific—differed totally from the situation Europeans encountered upon their entry into the Indian Ocean. In contrast to the lands contained in those two originally unknown seas, large colonies of Omani, Gujarati, or Chinese merchants had been established in the Indian Ocean for more than a millennium, and there was scarcely a port in the region which did not contain sailors and merchants conversant with many, if not all, principal harbors. True, Portuguese traders did later connect for the first time some known regions like Japan with others like Siam, but basically, Varthema's writings confirm that the important places were already well-known. They show that from Cochin, for instance, it was not difficult either to learn about Malacca and its trade, or to find a ship going there, or a pilot willing to show the way. So, the fact that he visited Malacca or Ormuz, before the Portuguese did, only affords a preview of the later Portuguese conquests. Hence, one does not need to marvel at the geopolitical acumen of the Lusitanians that they could identify the important Asian nexuses: Varthema found them first—and all in the mere course of his ordinary travels.

It was also fortunate for contemporaries that the inquisitive Bolognese did so, because for European bibliophiles of the early sixteenth century interested in geography, his *Itinerario* bore the sole burden of conveying a basic knowledge of Asia for all of four decades, unless of course the reader happened to be a Portuguese living in Lisbon who sought out eyewitnesses at dockside. Even the

INTRODUCTION

two other systematic, descriptive works written by Varthema's Portuguese contemporaries and potential competitors, Duarte Barbosa and Tomé Pires, were not published anytime near their dates of composition. They remained in manuscript for four decades and then were printed only in Italy—Barbosa's *Livro* first saw light in an Italian translation made for volume one of Ramusio's *Navigazioni* in 1550, while only a portion of the most systematic account, the *Suma Oriental* of Tomé Pires, appeared four years later in a subsequent enlargement of the same work. Neither of these manuscripts, incidentally, purported to be narratives of personal travel like Varthema's, but rather, they were compilations of information which their authors had garnered about Asian ports and their commerce, although they do contain much information about the various peoples involved. (Incidentally, Pires's complete manuscript had to wait until 1944 when it was published in a bilingual edition edited by the late Armando Cortesão for the Hakluyt Society.)

Speaking of possible competitors to Varthema, I should perhaps mention that towards the end of the fifteenth century one other Italian author, Girolomo di Santo Stefano, a Genoese businessman, together with his countryman and partner Girolamo Adorno, traveled to the East as far as Sumatra. Unfortunately, the pair did not enjoy the good luck of Varthema in avoiding disaster. They were deceived and misused by the oriental potentates to whom they offered goods and had their cargoes confiscated. Adorno died on the trip, and Santo Stefano was shipwrecked, losing all that portion of their goods he had finally managed to recover. Santo Stefano did survive to write a brief letter from Tripoli, dated 1499, but its four pages are far too meager to compete with Varthema's longer account. In 1502, it appeared as an

INTRODUCTION

appendix to the first printed version of Marco Polo's book brought out in Portugal. Later, it was included in Ramusio's collections. Had Santo Stefano's travels and adventures been written into a narrative as long and detailed as Varthema's, it surely would have made it a worthy companion.

The pattern of Varthema's travels

In his opening paragraph, Varthema states that a desire to see things with his own eyes prompted him to set out on his travels, and certainly the irregular pattern of his wanderings does not suggest that his motivation was other than adventurous curiosity. Departing from Venice late in 1502, he traveled first to Alexandria and to Cairo, where he acquired the Arabic tongue, disguised himself, and pretended to adopt Islam. But he did not immediately sail down the Red Sea. Instead, he went up the Mediterranean coast to Aleppo, then inland to Damascus, where he joined a pilgrimage, or hajji, for travel on to Mecca. Deserting it, he journeyed down to Aden and across the Arabian Sea to Gujarat.

He merely paused in India before traveling up the Persian Gulf to Ormuz with a Persian friend, whose niece he acquired as a mistress, returning only months later to Cambay, and then proceeded down the coast, where he stopped at Goa before proceeding on to Malabar, Calicut, and Cochin. Thereafter, he crossed to Ceylon and voyaged up the Coromandel coast as far as Pulicat before sailing across the Bay of Bengal to Tenasserim in present-day Myanmar. He next passed northwards to the Ganges delta before catching a vessel for Malacca.

So far, his descriptions and adventures are solid and believable, but at this point they have become temporarily

INTRODUCTION

suspect to nearly all scholars who have examined them. From Malacca, he claims he went on to Banda and the Moluccas, but most Asia specialists feel that his account of the place is thin and fanciful and that the time span of barely eighteen months which one can surmise for the round trip is totally insufficient for a real journey between Ternate and Malacca. (If he did fabricate a part of his narrative, he would hardly be the first early travel writer to have done so, and it need not cause doubt about the validity of the rest of his tale!)

Thereafter, in 1505, he returned to India and his usual, more concrete, and verifiable reporting. At Calicut, he met the two compatriots as previously mentioned, both Milanese, who had come out to India as employees of the Portuguese, but who deserted and went over to Portugal's enemy, the Samorin of Calicut. This ruler soon put them to work overseeing the casting of cannon for use against his European enemies. The pair then decided to return to the Portuguese side and Varthema joined them, although he does not explain just how the double renegades expected to set things straight with their erstwhile Lusitanian employers. At any rate, the Moslems murdered the double turncoats before they could effect their escape. Varthema, who succeeded in doing so, thereupon dropped his Moslem identity and entered Portuguese service as a *feitor,* or factor, probably on behalf of private trading carried on by Portuguese officers, perhaps including Viceroy Francisco de Almeida, himself. He ultimately returned via Portugal in the fleet of 1508, whereupon he traveled back to Italy and wrote his book.

On Varthema's nature and times

Posing as a Moslem, living by opportunistic alliances, luck and his wits, twice deserting his mentors and friends—all

INTRODUCTION

this might remind one of the *pícaro* in Spanish literature. Such is hardly to cast doubt on Varthema's essential veracity, however. One should speculate that the *pícaro* in this case is borrowed from real life: witness other travelers like François Pyrard de Laval, Ralph Fitch, and Jacques de Coutre, not to mention Fernão Mendes Pinto. All were equally bold, inventive, and adventurous, and all possessed a neat balance of the daredevil's and the survivor's instincts. Rather than seeing them as *pícaros*, one might better consider them as renaissance men in a traveler's dimension, men who were intensely alive and wished to experience life in all of its variety and forms. For a European Christian during the sixteenth century and the opening years of the seventeenth century, going it alone in the Middle East and Asia can hardly be compared to setting out today on China Airlines with a Lonely Planet Guide, a backpack, and an Indrail Pass. Tourism mixed with business was a far more deadly and perilous pastime then. Taking a risk, playing a role, knowing when to retreat speedily, to deceive, and to desert were all essential tools of survival—granted that one ingredient, personal curiosity about the world, was much the same as it is now.

    Four or five hundred years ago, the problem of survival loomed to infinitely greater proportions than even the roughest travel in the same regions today. It would hardly be an overestimation to speculate that one out of three or four potential authors who attempted much the same journeys perished and have left no record of their travels: witness John Newbery, Ralph Fitch's companion who never returned alive, or for that matter, Afonso da Paiva, or dozens of others we do know about. Even Paiva's companion, Pero da Covilham, who lived through it all, was never allowed by the Ethiopian *negus* to go home to Europe. I would therefore

INTRODUCTION

venture that the less savory or less principled facets of Varthema's or of the other successful authors' personalities (as inadvertently revealed to us in their writings) were merely the dark side of the dangerous lives they chose to lead.

It can truly be said of Varthema that he stands virtually alone in the first half of the sixteenth century as a deponent of the "original" Indies, *i.e.,* Asia, at the time when the principal attention of the West was still focussed there. Outside the Iberian Peninsula, Europeans were, for most of the period, much less curious about the newly discovered Americas than they were about the East. Most of the great individual, peripatetic travel writing of the Renaissance—and even up until about 1700—concerned the Eastern hemisphere. By contrast, even the writers with personal experience in the Americas specialized in academic compendia, like José de Acosta's *Historia natural y moral de las Indias*, or in historiography, like the works of Pedro Cieza de León, Bernal Diaz, or Oviedo y Valdés. This might be construed as another indication that, even in the Iberian Peninsula itself, interest in the Western Hemisphere tended to be less popular than it was scholarly.

Later Editions

Varthema's narrative did not receive a prompt English edition to match the ones in Latin, German, and Spanish which appeared soon after its original publication, nor was it picked up by Richard Hakluyt at a slightly later date. In fact, it seems to have received only one English translation, by the Victorian, John Winter Jones, for the Hakluyt Society's edition of 1863. Since then, two other English editions have appeared, both of which have reprinted the Jones translation. In this respect, there is little to choose between them,

INTRODUCTION

although each edition has its own interesting prefatory essay. George Percy Badger wrote the introduction, together with his valuable notes, in the Hakluyt edition of 1863. The Argonaut Press published an edition in 1928, with a long scholarly discourse by Sir Richard Carnac Temple, which I prefer over all the others. Finally, in an edition pairing Varthema with the *India Recognita* of Poggio Bracciolini-Nicolò di Conti, there is an interesting comparative essay by Lincoln Davis Hammond. That book, published by Harvard in 1963, is called *Travelers in Disguise*.

George Winius
Leiden University

FURTHER READING

Cortesão, Armando, ed. and tr., *The Suma Oriental of Tomé Pires and the Book of Francisco Rodrigues*, 2 vols. (London: The Hakluyt Society, 1944).

Hart, Henry H., *Venetian Adventurer: Being an Account of the Life and Times and of the Book of Messer Marco Polo*. (Stanford University, California, 1947).

Penrose, Boies T., *Travel and Discovery in the Renaissance*. (Cambridge, Mass., 1952).

VARTHEMA, LODOVICO DE, 15TH CENT.

Die ritterlich vn[d] lobwirdig Rayss des gestrengen vn[d] über all ander weyt erfarnen Ritters vnd Lantfarers Herren Ludowico Vartomans vo[n] Bolonia sagent vo[n] den Landen/ Egypto/ Syria vo[n] bayden Arabia Persia India un[d] Ethiopia ...

Augspurg in Kostung vnd Verlegung des ersamen Hansen Millers der jarzal Christi 1.5.15. An dem. sechzechenden Tag des Monatz Junij.

Collation: 20 cm. (4to): a-t^4 (t4 verso blank). [152] p.; ill.

Notes: Translation, by Michael Herr, of: Itinerario de Ludovico de Varthema. Publication statement from colophon. Illustrated title page. Printer's device on p. [151].

References: BM STC German, 1455-1600, p. 66.

JCB Library copy: Acq: 12151. Acquired in 1919. Call number: H515 V326r.

Tracings: 1. Asia—Description and travel. 2. Africa—Description and travel. I. Herr, Michael, 16th cent. II. Title.

Die Ritterlich vn̄ lobwir

dig rayß des gestrengen vn̄ über all ander weyt erfarnen ritters
vnd Lantfarers herren Ludowico vartomans võ Bolonia
Sagent võ den landen/ Egypto/ Syria võ bayden Arabia
Persia India Vn̄ Ethiopia võ den gestaltē/ sytē vn̄ dero
menschen leben vnd gelauben/ Auch von manigerlay
thyeren vöglen vnd vil andern in den selben landen
seltzamen wūderparlichen sachen/ Das alles er
selbs erfaren vn̄ in aygner person gesehen hat.

Vil Menschen seind gwesen/ die fleyssigtlichen ersücht hand/ durch manigfaltig geschrifften. Auch von gelaubhafftigen Mannen vernomen vnd mit aygner person grüntlich erfarn. Die wunderparlichen ding der erden/ Damit sy iren begirlichen willen volbrechten/ Ander võ höcherer vernunfft die mit benyegt hat an dem erdtreich/ hübe an mit fleyssiger yebung/ Alß die Chaldey vnd Phenici mit ir hochen vernunfft durch gründet die obersten leyff der hymel vnd des gestirns/ Dero yetlicher grosses lobs wirdig ist/ võ allen menschen. Dē nach ich grosse begird gehapt hab söllicher erfarung/ Doch die schwere burd der hymel ließ ich auff den starcken achseln vnd schultern/ Atlante vñ Hercule. Vñ nam mir fyr ain tayl des vmbkrayß der welt in aygner person zů ersüchen als ich mich nit gnůgsam erkant/ mit meiner klainen verstentnuß durch studieren oder sunst/ Söllichs zů erlernen. Sunder hab ich wöllen selbs mit meinen augen besehen die gelegenhayt der örtter die gestalten vnd sytten der menschen/die seltzamigkayt der thier/ die frömden pöm/ vnd dero gewechß vñ früchten vnd anders. So in der fruchtparen vñ vnfruchtparn Arabia Persia India vnd Ethiopia/ Namlichen so mer zů gelauben ist ainem der es selbs mit seinen augen gesehen hat dañ võ hören sagen/ Vnd so ich nun mit der hylff gottes des allmächtigen ain tayl meines begerenß vnd willen vollpracht hab/ Inn ersůchung maniger lay prouintzen vñ völcker/ bedaucht mich nichts nit auß gericht haben wa ich mir sölichs allain behielte vñ es nit mit taylte andern menschen/ die in der geleychen sachen gefallen hand/ Vñ hab mich geflyssen nach meinem vermögen disse mein rayß zů beschreyben auff das kürtzest/ Vnd das alles zů sötzen warhafftigklich der hoffnũg es soll dem leser angenäm sein/ Dañ so ich sölliche fart mit grosser sorgfeltigkayt wagnuß vnd bey nach mit vnleydenlicher arbaytsamigkait darin ergetzligkayt gehapt hab sölliche frömde ding zů sehe/ Zwey flet mir nit so sy das werde lesen/ Sůder mir vñ meiner geleychen arbayt werden sy geleiche frucht wol gefallen vñ ergetzlichayt sampt mir empfache. Darnach betracht ich an wen ich zům angenembste mein myesame rayß schreyben solt/ Kam mir ein die durchleychtig hoch geacht fraw/ Fraw Anguesina hertzogin võ vrbin/ Dem nach so sy schier ist ain ainige behalterin lobsamer geschichten/ Auch ain liebhaberin aller künsten vñ tugent. Vnd auch in meiner fyr nemen nit eytell. Durch ir einflyessend lernũg/ des klaren lyechtes ires vat ters hertzogen võ vrbino. vnß ain vorgende sum in sölicher yebung d̄ weyßhayt der ritterschaft vn̄ waffen. Jch sag nit võ seinem durch leychtigen brüder der in der lernung/kryechischer vn̄ lateinischer also iung ertãt ist/schier zů diser zeyt der ander. Demostē oder Cicerone genãt Dem nach so die durchleychtiges her komen.so von ainem grossen vnd lauttern flus aller tugent/So kan es nit anders gesein/wan das ir freüd nempt/ab erbern geschichten.Vnd begirlich darnach Wie wol sollichs mit den flüglen der gedencken verstendig ist/Aber mer zů achtten die beryerung der leyplichen süß. So ir aber gedencken wert das sollichs des lobs aines was/so dem hochweysen Vlixe zů gezält ward/Das er vil vnd mangerlay land/vnd geprauch der leyt geseche̊ het. Aber dem nach so ewer durchleychtigkait allayn sůchtt freẃd vnd kurtzweyll dem durchleychtygen fürsten eürem gemahel zůmachen mag auch zům tail beschehe mit disem büchlin/Als mit ainer newen Arthemesia liebhaber/Vnd nit thon als etwã geschicht/daß man ab lyedlein oder vnnützliche worten freüd nimpt/Sůder sölliche zeyt verwerffen so widerwertig seind den adelichen gemyete/So ewer fürstlich gnad kain zeyt on güte werck hin last gen/Dem nach ewer dyemütig gemüt leychtlich erfyllen mag/wie vil in meinem vnordenlichen schreyben auß beleybt doch mir die warhayt erzölendt/Vnnd wa söllyche meyn arbayt angenem were eüwere durchleychtygkayt/ So hab ich lobes genůg vnnd gnůgsam e bezalung empfangen/vnd mein lange rayß vnd bilgerschaft oder ee genant erschrockenlichs ellend. Darinn ich offt vnd vil hunger/durst/frost/hytz/krieg/gefänctnuß vn̄ on zal ander erschrecken vn̄ ferlichayt bey nach vnleydelich zů fäll/Doch mit grosser behertzigkayt ich mich rüst auff dise andre rayß vn̄ fart/Die ich inn kurtz hoff mit hilff des allmächtigen züthon/So ich ersůcht hab land vnd inslen/im auffgang mittag vnd nidergang/hab ich myr fürgenomen/die tayl gegen mitternacht auch zů besůchen/Wann alsich mich erken vn̄ möre̊k zů andern lernungen vn̄ studiern/nit geschickt noch gnůgsam sein/Will ich mein flyechend überig tag verzören in diser vn̄ sölicher loblicher arbayt/Darzů mir got aller ding beschaffen/wölle sterck vnd gnad verleychen.

a ij

Capitel von der stat Alexandria

Die begirt vñ etwã angeborne aigeschafft hat ir vil geursacht zü sechen verkörnigen/ der monarchey vñ geleych er weiß mich auch/ meyn selbs ampt darzü raytzt vnd vrsachtt Vñ darumb das manyge land vñ örter vnser prouintzen seind bekant/ vnd dero sytten vñ wesen kant/ mer nam ich mir für zü besüchen andre land/vnd gegenden die den andern bey vnß vnd meinen bekanten nit kund vnd offenbar weren/ In söliche mit gelegenhait/der wind ward auff gezogen der segel außfarend zü venedig/ mit anrüffung göttlicher hilff gab ich mich in vertrawen des mores/Vnd kam genüg mit glücklicher fart gen alexandria in ain stat des lands Egypto/ Alda mich weytter begird neüen ding zü erfarn/bewegt recht wie ain durstige gelust ains nes truncks von frischem prünen/ Vñ so vil in andern geschrifften/ auch võ andern kuntschafft der selben stat gefunden wirt/für gieng ich vnd nach wenig tags schyed ich von dannen zü schyff auff dem flus nilus vnd kam gen Alkeyro.

Capitel von Alkeyro

Vnd als ich kam gen alkeyro/ich vil vernomẽ hätt/võ der acht perkait vñ grösse diser stat/verwundert ich mich/yedoch gedenckent das sy nit so groß noch über treffenlich ist alß man darnõ sagt vñ täglichen auß schreyt/vñ nach meinẽ ansechen ist sy in irem begryff vnd vmb krayß/vast der weytte wie die stat Rom/ Wol ist es war/ das vil mer heyser vnd wonungen/ auch vil mer volcks da ist/ Das man sy aller so groß achtet. Ist die irrung das außerthalb alkeyrō sind sunder dörffer/vermainen ötlich vnd glauben die selben auch die stat sein das doch nit ist/Wañ es seind rechte dörffer zwo od drey meyl daruon gelegen/Es ist auch etwas zů melden von iren sytten vnd glauben/wiewol offenbar ist das da wonend die haidē vn̄ mamalugkten/auch vil andre völcker vn̄ geschlächt der menschen/Dero herten ist der groß soldan/dem wyrt gedyendt von den mamalugkten wölche mamalugkten herschent über die haydē/vn̄ wirt gehalten ain sölliche gewonhayt/wann ain mamalugk gestorben ist/vnd nit kynder hinder im verlaßt die verlaugnet hand/so nimpt der soldan all sein hab vn̄ gůtt/Söllichs aber zů fürkomen so tauffen sy ir sün vn̄ machen sy zů christen wañ die selbē zů iren iaren komen so fyerēt sy die für den soldan da verlaugnen sy/Werden beschnytten vnd zů haydē. Vn̄ besitzen darnach das erb irer vätter/Der selben mamalugtē halt der groß soldan aller zeit bey den fünff vn̄ zwaintzig tausenter/an seinem hoff/die all verlaugnet menschen seind/vō andern gelauben vn̄ vast vil windisch/albanesen/Circhassen vngern ötlich walchē vn̄ vil iuden/die all seind vast gůt kriegs leüt/Mit söllichen mamalugkten besötzt d̄ soldan/alle ämpter in allē seinē land vn̄ stöttē

IN dyser stat ist so vil volcks in allen strassen vn̄ gassen alß zů aynē jubeltar zů Rom geseyn mag/ Alda werden gar vil menschē verkaufft vm̄ ain klain vn̄d schnöd gelt die myessen hardt arbayt thon besunder die zyegel machē zů dem paw der gantzen stat/Es send auch da ob zächen biß in fünffzächen tausent kuchen darin̄ man gekochte

a iij

speyß verkauffi/wan die hayden kochen wenig in iren heysern/Das land vmb dise stat ist über die maß vast fruchtpar võ wegẽ des edlen fluß Nilus genant der da durch fleüßt vñ das land befeüchtiget/Wa er aber nit über laufft da wachst weder laub noch graß.

Capitel von Baruti/Tripoli vnd alepo

Seyten mal der reychtüb vñ hüpsche bemelte stat auch die hochfart d̕ mamalugken vil bey vns kund vñ offt gehört ist laß ichs beleyben/Vñ võ dañen richt ich mich zů wasser gegen syria vñ kam des ersten gen Baruti byß da selbst hin fünff hundert meyl zů faren auff dem mör/Die selb stat bewonet võ den haiden hat gnůgsamigkayt aller ding der man bedarff zů der narũg/vñ wider schlacht daß mör biß an der stat maur/Vñ ist nit gar mit der maur vmbfangen allain gegen ponente od̕ nidergang der soñen/Da hab ich nichc wirdigs oder namhafftz zů schreyben gesehen/Dañ allain ain alt gepew sagen sy da solt gewont haben/des küñigs dochter die der ritter sant Jörg erlöset von dem tracken ist diser zeyt alles zergangen/Võ dannen richtet ich mein weg gegen der stat Tripoli in syria seind da selbst hin zwü tag rayß/Die ligt auff vestem erdtreych auch vnderworffen dem grossen soldan/vnd ist ain fast gütte stat volkomen allernottürfft/Darnach kört ich mich gegen Alepo acht tag rayß von dannen ain überschöne stat vnder gehorsam des soldans vnd ist ain layter oder schlüssel der türgkey vñ des landes syria/Alda ist grosser gewerb vnd handtierung von kauffmanschafft aller mayß von persianern vñ azemiin/die byß da selbst hin komen/Wañ da fachь sych an die recht straß die da fyert in die türgkey vnd in syria.

Capitel võ Aman vnd Memin

Von dannen schyed ich mich gegen damasco/zächen klain tag rayß vnd auff halbem weg lygt ain stat genant Aman/Da selbst vmb wechßt komwoll/in grosser vile vnd manigerlay gütter frucht/nahend bey Damasco auff sich zächẽ meyl kam ich in ain andre stat mit namen memin/Ligt zů obe ist auff ainẽ berg vñ wirt bewont mit christen des kriechische glaubens vnder der gehorsam des herren zů damasco/Es seind auch dariñ zwü vast hüpsch kirchen die man sagt sancta helena/des kaysers Constantini mutter erpawen haben/Vmb dise stadt wachsend vil gütter frucht/Besunder die aller bästen weintrauben/Es seind auch da vast schön lust gertẽ vnd köckprunnen. Vn von dañen kam ich in die aller edlest stat Damasco.

Das erst Capitel von Damasco.

Warlichen kan mā nit gnůgsamigklichen auß sprechen edelkait schöne vñ reyche diser stat damasco/in wölcher ich etlich monat lang vmb fleyssiger erlernūg wille der haydische syrach gewonet hab wan dero in woner seind alles hayden vñ mamalugten machometz gelaubē auch vil christen auß kriechēlād/ Gibt sych auß dem das man die regyerūg and lender da můß an neme/vō dem herrē zů damasco/ wölcher her auch vnderwroffen ist dē grossen soldā zů alkeyro/ In diser stat ist ain übertreffenlich starck vñ hüpsch Castel oder schloß von ainem florentiner/ Der ain mamalugkt vñ ain her bemelter stat gwesen ist auff sein aygē kosten anfencklich erpauen hat vñ die gilge das wapen der florentiner in marmelstain gehawen darein lassen maurē das man noch diser zeyt an vil orten darin sycht. Es hat auch vmb sich über groß vñ tieff grābē/fyer starck dürē mit auffhebenden brugken/ vñ wol bewart mit grossem geschütz/ist stetigklich da besāldet ain Castelā mit fünfftzyg mamalugktē/ Die all da seind in namen des soldans/Es wirt auch fleyssigklich behůt auf yetlichem thurē send wachter die da nit schreiē besunder groß trū men vnd baugen haben wie die halben fasser darauff schlagen sy aī ne straich vñ ain yeder auf den andern turne antwurten im mit der geleichen straychen/Wa ainer das nit thet so wird er ain gantz iar lāg in gefencknuß gelegt/Das aber ain florētiner ain herr zů damasco worden ist hat sych also begeben/Das auff ain zeyt ayne soldan mit gyft ist vergeben worde/des im nyemāt hat mögen helffen wan der selb florentiner hat im geholffen/Darum er im die stat vnd ain grossen tayl des lands darbey geschenckt hat/ Vn̄ nach seinē sterben ist also das schloß für vñ für dem soldan/beliben/diser florētiner hat ain schöne haydischen kyrchen darin er begrabē ligt vñ im vast vil liechter vñ amplen zů eren gebrānt werden vnd wie ain hailig bey vns geert wirt/Also wirt er bey inen fyr haylig vnd in grossen eren gehalten/Wan dan ain soldan stirbt vnd ain andrer gemacht wirt so verleicht er die herschaft an der weydt vmb hūdert oder zway hūdert tausent seraphi gold/der schint vñ raubt dan die burger vnd in woner diser stat wie er mag nach seinē gefalle/Wan zwischen d̄ mamalugktē vnd haydē wirt kain recht gehalten haidē vñ kaufleyt wonē bey ine wie die schaff vnd den wolffen/vñ die mamalugktē seind gemaintlich dieb vñ rauber vnd die aller bösten menschen diser welt.

Das ander Capitel von Damasco

Nach dem wir gemelt haben vō den herrē zů damasco vñ vōdem schloß/begegnet mir/yetz zů berüren etlich ding der stat. Wölche faſt volckreich/vñ mechtig an gůt iſt.Alſo das ichs nit gnůgſam erzelē kan die handlūg vñ kunſtreych arbait ſo man da macht vñ da rin̄ iſt/Sy iſt auch vō gedrait vñd fleyſch mit überflüſſiger notturft verſehen vñ das aller fruchtpareſt erdtreych darumb des gleichen ich nye mer geſehen hab/Da wachſen granat öpffel/küttẽ/ feygen alles honig ſyeß auch mandel vnd ölböm vaſt groß/Vnd ſunderlich die groſſen weinper bey vns genāt zibiben/zů aller zeyt im iar friſch vñ grēn vnd vil ander köſtlich frücht alles volkomen weder bey vns Des gleychen von blomen vñ ſchöne wolſchmeckenden roſen rot vñ weyß der maſſen ich nye geſehen hab/Söllicher fruchtparkayt acht ich vrſach ſein/das da iſt gar gůtter luft vñ ain' geſund ſchön waſſer enmitte durch die ſtat vñ das land lauft/So haben auch ain groſſer tayl der ſtat kockprunnen ein gefaſt mit ſtainen vñ gehawem werck Vñ die wonūgen der menſchen heyſer ſend außwēdig nit ſer hüpſch Aber in wendig ſeind ſy vaſt wol geziert vñ ſchön võ marmelſtayn/ vnd erhabner arbayt/In diſer ſtat ſeind vaſt vil kirchen die ſy nen‍nen muſchea/Vñ vndern dē andern iſt die oberſthaupt kirch in der gröſſe wie zů rom ſant peters kyrchē/Sy iſt aber iñ der mitten vnbe‍deckt vñ offen aber gwölbt/Darin̄ halt man den leichnā ſant zacha‍rie des hailigen propheten in groſſen eren mit beleichtūg gar vil am‍pelen/An der gemelten kyrchen ſeind vier porten von metall vnd vil kockprunnen darinn. Auch ſycht man da wa die Thom kyrch iſt geweſen der chriſten in welcher noch ſtond vil altar gepauwen von zyerlichē werck wol gearbait das hüpſch zůſechē iſt/da wirt auch ge‍ſehen das ort da ſant pauls võ gotes gewalt nid geſchlagē vñ bekort worden iſt/außerthalbē der ſtat bey ainer meyl wegs/vñ da ſelbſt ver‍grept man die chriſten die in der gemelten ſtat ſterbendt/Es iſt auch der turn in der ſelben ſtat/darin alß man ſagt/ Sant paulus iſt ge‍fangen gelegen der dan̄ offen iſt vnd haben in die hayden mer ma‍len wöllen laſſen vermauren hat man in aller zeyt wider auff gebro‍chen gefunden wie in der engel zerbrochen hat/Als er ſanctum pau‍lum daraus erlediget. Ich hab auch da geſehen das hauß da Cha‍yn als mā ſagt/ſein brůder abel erdöt hat iſt auf ainē anderen ort der ſtat/ain meyl wegs hin dan̄ uf ainē ſtayg in ain tal hangend/Für baß wöll wir hören võ der freyhayt ſo die mamalugken haben in di‍ſer ſtat vnd vaſt vmb an allen anderen orten der landen des groſſen ſoldans.

⸿Das drit Capitel võ den Mamalugken zu Damasco.

Mamalugkẽ send verlaugnet Christen vnd die võ anderen gelaubẽ zů machometz glaben kument vñ verkaufft worden send Vñ warlich zů sagen/ so verzören sy die zeit nymmer myessig/ Sũ
der sy yeben sich mit den waffen der wör oder in der geschrifft brauchen sy sich stetigs das sy der ding vast wol geyebt send vñ ir solt wissen das ain yeder mamalugk/ sey reych oder arm wie er wöll zů sold hat sechs seraphi ainen monat/ Vnd darzů die speyß für sich für ain roß vnd für ain knecht/ Vnd nach dem hat er so vil mer solds/ So viler mer geschickter ist oder sych für ander redlich halten vnd gebrauchẽ kan in kryegen/ Die gemelten mamalugkten so sy gend durch die stat spatzyeren gond gemainklich zwen oder drey in gesellschafft mit ain ander/ Wann es wer in ain grosse schand wair ainer allain gyeng/ Vnd wan in ongefärd begegnend zwů oder drey frawen so haben sy die freyhayt wölcher kaine hat so nemen sy die/ Es seind auch sundre heyser wie die grossen herbergen die sy nenen Chano/ Darnot stond die mamalugkten wartend der frawen so sy für die thür gend begreyfen sy die vñ fyeren sy mit inen hineyn vñ volbringt ainer mit ir seine willen/ wie im geliept Die frawẽ seind aber all verdöckt/ wañ sy all/ tragẽ die angesicht verhenckt mit tüchern/ Also das sy võ den mamalugkten nit erkant/ aber sy von inen wol bekant werden/ Vnd so ainer zů in spricht er wölt sy gern kennen/ Sprechen die weiber/ Brůder laß dich genyegen das du dein willen mit mir volbringen magst wie

b

dich gelust/Vnd ist zů gelauben das also bey weylen der fyrsten vñ grossen herren weyber vnd töchtern vnd etlicher seine aygne weyber begreyffen/Alß sych wol begeben hat die zeyt vnd ich zů damasco gewesen bin Dise frawen gond vast wol belaidt von seydem gewand darob tragen sy sunder weysse tůch zart vñ kostlicher alß seyden Sy tragen auch all weysse knye stiffelein rot oder praun schůch vnd vil klainerer rings weyß vmb das haupt in den oren vñ an den henden/ die selben frawen verheyrenten sych selbst nach irem willen vnd gefallen/ Vnd wan sy nit mer bey iren mannen beleyben wöllen/ So gond sy auff das recht hauß oder ir hauß des gelaubens also genant ist ain besunder hauß darzů gehörig/ da selbst thond sy sich beruffen vnd schayden von iren mannen vñ nemen darnach ob sy wöllen an der man/ Des geleychen auch sy ander weyber/Vnd wie wol man sagt das dye Hayden haben fünff oder sechs weyber vnnd mer/so hab ich ir doch nye gesechen kaynen mer halten/Alls zwů oder drey zům maysten/Dise haiden essen den mertayl auff den strassen als da man die essende speysen verkauffe/ Lassen sy in das essen da selbst syeden vnd kochen/als roß flaysch kameltier püffel kastron vnd vast vil kützlein yeder darnach er zů bezalen hat vnd vil gůtter käß haben sy So man millich kauffen will so treybt mann durch die stat alle tag viertzig oder fünffzig gayß habend lange oren vil lenger dann ain spann/die treupt der patron der gayssen hin auf in ain kamer zů ob erst oder wa man will seyen ioch drey böden ob ainander vnd in gegenwirtigkayt milckt er die gayssen vñ so vil geltz als man millich haben wil/Man verkaufft auch da ain grosse sum tartofoli bey vnß genant düpfling vñ etlich mal komend fünff vñ zwaintzyg oder dreyssig kämelthyeren darmit geladen/vnd in drey oder vyer tagen seind sy all verkaufft die bringt man auß der türgkey vñ auß armenia/die genanten hayden gand beklaydt mit saubern langen klaydern vast weyt der mertayl von seyden ain tayl vō thůch/die tragend sy vngegürt/Der mertayl trägt auch groß weyt hosen von pomwollen tůchern vnd weyß schůch/Vnd wan die selben seyen wie reych oder fürnem sy wöllen begegnend ainem mamalugken myessen sy im eer erpyeten vnd den mamalugken auß dem weg weychen/ Wa sy das nit thäten so schlahend sy zů in mit kolben die sy tragend/Es seind auch in gemelter stat vil kauffheyser der christen darin man verkaufft seyden vnd wullen gewand auch kupffer vnd ander manigerlay kauffmanschafft die christen werden aber da gar übel gehallten.

¶Das buch von der wyeste Arabia
¶Capitel wie man kompt von Damasco gen Mecha darnon etlich araby schreybend.

Es seye nun mer genug auß geruffen der dingen zu Damasco/ mein fürgenomer will bracht mir wider verlangen fin ter fyr mich zu neme mein rayß darüb ich auß gefarē was des iarß im fynf zehen hüdersten. Vñ dritten iar auff acht tag des monetz abbrello Da richtet sich in ordnung die Charoana zu zyechen gen mecha/ Zu vernemen daß wort Charoana dem nach vñ es her nach offt gemelt wirt/ Bedeyt vnd anzaygt die versamlung der menschen der kämel thyer vnd das so sy fyeren gen mecha/ Da selbst zu laden vnd zu holen die spetzerey vnd kauffmanschafft die schar vñ ladung wirt dan genant die Charoana/ Also was ich bei ayt zu besuchen weytter vnd mer frömbde land vnd geschichten zu erfarn/ Vñ wyste doch nit in waß gestalt das beschechen möcht/ Erdacht ich mir ain weg vnd machet mir fraintschafft mit ainem mamalugken dem hauptman der Charoana Der was ain verlaugneter christ vnd über kam mit im Also das ich im schanckt etlich gelt vñ anders vñ beklaydet mich wie ain mamalugken gab mir ain gut roß vnd er thät mich in die gesöl schafft der andern/ Vñ also richt wir vnß auff die strassen vñ zugen drey tagrayß byß zu ainem end genāt/ mezeribe/ Da selbst lagen wir still drey tag zu versechen vnd zu furnyeren die kaufleüt vnd die kä melthyer mit allem so dan nottürfft war zu der ferren rayß/ In dysem mezeribe ist her ainer genant vō inen zambey ain herr der hayd arabia/ Der da zu mal drey brüder vnd fyer sün/ vñ hat fyertzig tausent pferd vnd für sein hoff zechen tausent stütten pferdt er hölt aller zeyt bey drey hundert tausent kämelthyer/ Wann es zeycht sych die fart mit seinem vich/ So sy geladen vnd nach ainander getryben werden/ Als bey weylen geschicht zwū tagrayß lang/ Diser herr zam bey wan ers thon will so kryegt er den grossen Soldan zu Alkeyro vnd den Herren von Damasco vnd von Jherusalem/ Söllicher massen/ wan es ist zu der zeyt des schnites vnd das man die frucht ein samlen söll/ So ruckt sy mit grossem hauffen vñ manig in ain land ire anstosser vnuersechner ding in tag vnd nacht hundert meyl weg etwan mer etwan minder auff den gemelten stütten pferden die da lauffen schnällygklychen wenig still gestanden/ also mache sy ain auf rür in ainē land vñ laden auf die pferd was sy fyndē fyeren also ma

b ij

nig male gar groß gůt mit in hynweg/Vnd so sy das erraycht hand gibt man in millich võ kämeltyeren zů trincken/wan sy ist vast kyelen Ich hab mich auch bey in besunder vnd sy gesehen alß flyegendt vñ nit lauffend so grosser schnölle/Die sy reytten legen nit sattel auff vñ nur in hembdern on allain etlich der obersten vnd besten haben sätel vnd seind bekklaydt/Jre waffen seind lantzen võ roren auß india gemacht zechen od zwelff elen lang vñ ain klainer spitz võ eysen daran So sy rayßen das sy wöllen ain auflauff machen halten sy sich eng vñ gedräg bey ainader wie die staren/Sy send vast klain vñ vŏ far dückel praun leyt hand weybisch stymen vñ lang schlächt schwartz har/Vñ warlichen diser arabier ist ain vnzalich grosse sum die man nit wol schätzen mag vnd streytendt stettigs mit ainander/Diße wonendt an den bergen vnd kůmend zů der zeyt/So die Charoana zyechen wil gen Mecha/Vnd wartendt auff der straß zů berauben die Charoana vnd fyeren mit in weyb vnd kind vnd als ir geret/Auch die heüser auff den kämelthyeren gleych ainer bedöckung aines kün fers gezeltz von böser woll gemacht.

Auff den aylsten Tag des monetz apprillē schied sich die gemelte Charoana Von mazerib mit fünf vñ drey sig tausent kämelthierē/ vnd bey viertzyg tausent personen/vñ der denē waren sechtzyg mamalugken zů bewaren vnd zů verhüten die leüt vnd gütter/Vnd der drittayl der mamalugken ziechen vor an mit dem paner/Der ander tayl in der mitten/Der drittayl zů hinderst nach der Charoana vnd vnser raysen was der gestalt/Also das wir ritten tag vnd nacht

zwü vñ zwayntzig stund vñ in der weyl gibt man sundre zayche̅ dem
hauptman von hand zů hand/wa man sich auff der hüpschen hayd
will nider lassen zů rasten/Die menschen vñ das vich zů speysen Da
beleybt man mit den kämeltyeren biß auff die vier vnd zwayntzigest
stund alß dan werde̅/die kämeltyer furderlichen an der geladen/So
sitzt man auff vnd färt wider fyr vnd fyr aber mals zwü vñ zwain-
tzyg stund den tag vnd die nacht/Also täglich zů volbringung der
rayß viertzig tagrayß von mezerib byß gen mecha/Der kämeltyer
fůttrung ist nicht anders wann yeden fünff brot von gersten mel ai-
nes in der grösse als ain granatapffel/Vñ gemainklichen über acht
tag so kumpt man zů wasser das grept man auß dem erdtreych oder
sand auch etlich primen vñ cisternen findt man vnder wegen da last
man sich dan aber nider vñ bleibt ligen rasten ain tag oder zwen in
der weyl bössert vñ macht man was zerprochen vñ notturfft ist/Die
gemelten kämeltyer tragen gar schwäre läst vñ ladůg ain yedes mer
alß zway maultyer tond/Sy geben in auch nicht zů trincken dan am
dritten tag ain mal/Vñ wan man sych also nider laßt zů rasten/So
hat man aller zeyt anlauff scharmitzlen vñ streyt mit den arabiern
die in gar grosser menig zů reytten vñ lauffen vns zů berauben/wöl-
che vns doch auff diser fart nit mer als zwen mann vnd ayn weyb
todt schussen/Wann es gar ayn vnnutz vnd verzagt volck ist mag
man ab neme̅ das sechzig mamalugken gnůgsam seind ainer söllich-
en vast grossen manig zů widerston wan ir warlichen viertzig oder
fynffzig tausent seind/Die mamalugken aber seind auß der massen
endlich leüt geschickt zů der wör vñ waffen als ich auff diser hayd vo̅
in manig mal gesechen hab/Vnd vnder andern das ain mamalugk
seinem verkauften knecht aine̅ pomerantzen auf das haupt sötzt vñ
stellet in zwelff oder fynfzechen schrit weyt von im vnd schoß im den
selben zway malen zů roß mit dem bogen herab/Ich sach auch von
ainem das er seinem roß in vollem lauff den sattel vnder im her dan
nam vñ legt im den auf den kopff/Vñ darnach wider vnder in gesat-
let vñ gegürt on alles vallen/vnd altzeyt mit lauffendem pferd.

¶Capitel von den stetten Sodoma vnd Gamorra
Alß wir geritten waren zwelf tagrayß/Fanden wir das tal in
dem gelegen seind/Die stöt sodoma gamorra vnd ander/Alß
man list in der geschrift die warlichen nit leügt/Wan man noch diß

b iij

tags da sicht wie sy vndergangen vnd verdorben seind/Vnd sunderlichen dero drey auff dreyen bergen gelegen die zerbrochen gemewr seind bey drey oder fyer elen an der höche/ vñ sicht nit vngeleych dem blůt oder rotem wachß vermischt mit dem erdtreich/Vnd ich gelaub wol das es ain schnöd volck gewesen sey/ Wann da selbst vmb noch gar ain böß vngetreü volck wonet vñ ist ain vnfruchtpar erdtreych behilfft sich irer speyß den meren tayl des hymel brotz das man nent Mana/ Des halben das sy nit solliche gůthayt haben wöllen erkennen glaub ich hab sy got geschlagen mit sollicher plag wie man dan vor augen sicht/ Darnach zochen wir durch das selb tal bey zwaintzig meylen lang vnd starben vnß drey vnd dreysssig personen/ Namlichen von durst wegen/ Die wurden begraben in sand/ Auch etlich des geleychen die noch nit gar todt warn denen ließ mann allain das angesicht vnbedöckt/ Nach dem kamen wir zů ainem berglin vnd nächst darbey ain grůben mit wasser/ Des wir vast erfrewt vñ wol zů můt wurden/ Liessen vnß da selbst nider zů rasten/ Den anderen morgen vast frü vor tags kamen gerant bey fyer vnd zwaintzig tausent arabi/ Bergerten vö vns wir sölten in bezalen ir wasser/ gaben wir in antwurt wir wolten es nit thon wan das wasser hat vnß got zů gefyegt so wol alß inen/ Also fyengen sy mit vnß an zů streytten/ Da störckte wir vnß vast auf dem gemelten büchel/Vñ stölte vnsre kömelthyer vmb vnß als für ain maur vnd die kaufleyt enthyelten sich vñ beliben in der mitte der selben/ Vñ stettigs stonden wir gegen ainander scharmitzlen/ Söllicher massen/ Das wir vnß zwen tag vnd zwů nächt vor inen auff enthyelten vnd kam darzů das sy noch wir nit mer wasser heten/ Da vmb gaben sy den büchel scheybs vmb mit volck vnd grossem geschray in mainung vnser Charoana zů beraubē/da mit wir aber nit mer mit in so ainer grossen mänig volcks bedorfften streytten het vnßer haüptman rat mit den kaufleyten vñ schanckten in zwelff hundert ducaten in gold/ Die namen sy vñ sagten darnach/das sy das wasser vmb zechen tausent ducaten geren wider kauffen wolten bekemerten vnß auf ain neüs allenthalben/ Also erkanten wir wol das sy anders begerten weder solich gelt/vñ vnser weiser haüptmā gebot durch alle die da waren in der charoana/daß all die worhafften man nit auff die kömelthyer solten sytzen/ Besunder ire waffen zů handen nemen vnd sich zů rüsten zům streyt/Alls der morgen komen waß lůd man die Charoana auff vnd schicket die

Vnd dann
die ma
malugken vñ
ander all bis
in drey hüdert
person vñ nit
dar über beli
ben bey ayne
ander in gütter
ordnung/ Vñ
fiengē an mit
nit zů schlachē
bey gůter zeyt
vñ erschlůgen
in bey sechzeh
en hüdert mā
vñ vns ward nit mer alß zwen man vnd ain weyb erschoſſen mit bo
gen pfeylen/ Da mit man ſich aber des ſo vill deſter minder verwū
der iſt zů melden/ Das die arabes alle nackend ſeind vnd zů roß on
ſätel reyten vñ dem nach verlieſſen ſy vnß vnd zochen eylends wider
von dannen iren weg.

Capitel von ainem gebirg wonend alles iuden

Vngefarlichen in acht tagen kamen wir an ain gebirg erzaigt
ſich vmb ſich haben zehen oder zwelff meyl in dem ſelben ge
pyrg wonend bey fyer oder fünff tauſend iuden gond all bloß vñ na
ckend ſeind kurtz leyt bey fünff oder ſechs ſpanen lang mer ſchwartz
weder ander farben/ Vnd hand gar weybiſch ſtymen/ Lebendt von
kainem andern flayſch alß von kaſtranen/ ſeind beſchniten vñ beken
nen ſich iuden ſein/ Vñ wa ſy ainen hayden über mögen den ſy fach
en den ſchinden ſy lebendig/ Zů vnderſt an dem berg fanden wir ain
zůgefyert waſſer alles von regen waſſer/ von dem ſelben lůden wir
ſechzehen tauſent kōmelthyer/ Des waren die ſelben iuden faſt übel
zů friden/ Vnd lyeffen an den bergen vmb mit groſſem geſchray wie
die gayß böck/ Sy wolten aber nit zů vns herab ſteygen auff die ebne
wye wol ſy der hayden über groß vñ tödlich feyndt ſeind/ Zů vnderſt
bey dem gemelten waſſer ſtonden ſechs oder acht dorenſtauden vaſt
hüpſch dar bey wir ſachen zwů türtel taubē das mich vñ ander vaſt

b iiij

verwundert/ Wan wir bey fünffzechen tagrayßen gerytten waren/ Das wir weder thyer noch vögel biß an das selb ort gesechen hetten/ den nachuolgenden tag zochen wir aber weytter vnser straß/ Vnd nach zwayen tagrayßen kamen wir zů ainer stadt genant/ Medina Talnabi zů der selben auff fyer meyl/ fand wir ainen prunnen, da ließ wir vnß nider zů rüwen vnd wüschen vnser gerect vnd klayder/ Wann die gewonhayt ist das nyemant frömbder völcker vngewaschen in die selb stadt die sy für haylig achten sol ein gon/ die selb stat hatt bey drey hundert forstetten vnd ain maur vmb sych/ von erden gemacht die hewßer/ Darinn seind von stainen gemauert das land gerings darumb ist vnfruchtpar vnd hat den flůch von got/ Allayn außerthalb der stadt/ bey zwayen stayn wurffen stonden bey fynffzig oder sechzig datelböm in ainem lust gartten vň zů vnderst in dem selben ist ain besundre behaltnuß vō wasser ein gefaßt in stain/ Von dem selben wasser versicht man die Charoana/ Aber ma len steygt man abwartz darzů fyer vnd zwayntzig stapflen/ Es ist auch zů wissen alß etlich wöllen sagen vň sprechent das der verflůcht leyb des bößen machomet begrabe ligt zů mecha in dem luft hangent Sag ich das es nit ist vň mit kainer warhayt bestät/ Wan ich selbst in der genanten stat Medina talnabi sein begräbnuß gesechen hab/ Jn welcher stat wir beliben drey tag vň alle ding vast wol besůchten alß hernach stat/ Den ersten tag gyengen wir hynein in die stadt zů dem eingang der kirch thür darin erligt/ můst vnser yetlicher ain ge spanen oder gesellen haben were iung oder alt/ Der in bey der hand name/ Vnd füret in hynein zů dem grab des hunds machomets.

¶ Wa begraben ligt der machomet vň sein mit gesellen

Die mūschgea oder kirch ist gemacht fyereckct/ vň hat bey hundert schritten nach der leng vnd achzig an der weytte gewölbt vň drey thůr darumb an dreyen ortten vň seind daran bey fyer hundert saülen oder pfeyler vō gepachen stainen all geweyßt/ Darin hā gend bey drey tausent prynnendt amplen/ An ainem ort alß man gat auff die recht hand zů vorderst in der kirchon/ Jst ain turn bey fünf schritten auff all ort gefyert/ der ist gerings vmb behenckt mit seyden thůchern/ nachend bey dem turn auff zwen schrit ist gar ain über hü psche styeg oder stapflen vō metall gemacht/ Da die menschen auff stond die den turn wöllen sechen/ Auff der andern seytten zů der lingen hand ist ain türlin durch wölches mann eingeet/ in den gemelten turn. An dem selben ist ainanders türlin/an ainem ort der thür ligen bey den zwaintzig büchern vnd an der andern seytten gegen über fünf vñ zwaintzig bücher inhaltend das gesatz vñ leben machometi vñ seiner gesellen/ Jnwendig der thür ist ain grab oder begräbnuß in ainer grunfft vnder der erden darein machomet gelegt ward mit etlichen seinē helffern vñ gefraindten/ Dero namen hie nachuolgend Vo erst so ist zů wissen das machomet ain arabier vñ ain hauptmā böser leut dieb vnd rauber gewesen ist/ Darnach haly machometz dochterman fattonia haußwirt/ Bubacher den wir sage ainen Cardinal gewesen sein dem ich doch nit glauben gib/ Otman was seiner hauptmänner ainer/ Aumar auch ainer seiner hauptleyt/ Vnd dise gemelte bücher/ Sagen von yetlichem in sinders vnd sötzt ainer in dem gesatz das der ander ain anders gar vngeleych/ Des halben sich offt vnd dick vnder dissem hündischen volck groß krieg vnd zwitracht erheben das sy ainander zů stucken schlachen yetweder tayll sein ketzerey zů handthaben/ Die doch alle falsch vnd erlogen ist.

Capitel von dem tempel vnd der begrebnus macbometi vnd seiner geselschafft.

ZV schanden vnd laster der sect vnd das aberglaubens machometi/ wil ich an das liecht bringen die falshayt vñ bieberey so da verbracht wirt/ Jst zů wissen das auff dem selben thuren oben ist ain vmbgang oder tuba genant auff wölchem man scheybs mag vmb den thuren gon/ Des abentz als wir nun gesechen hätten das grab machometi/ Ließ vnser hauptman berüffen den obersten der gemelten kirchen den sy für iren hochen priester achten/ Zů dē sprach er das er im zaygen solt den leychnam Nabi/ Jst als vil gesprochen/ Als den leyb des propheten Machometi/ Darumb wolt er im schencken drey tausent seraphi gold/ Als er auch wol zů ton vermöcht Wan er vast mechtig vnd reych was hätt auch nit mer vatter oder mütter schwestern oder brüder noch weyb vnd kynd/ Er was auch nit vmb anders kumen/ Als von seiner seel hayl wegen als er mainet Vnd zů sechen den leyb des propheten vnd sein begräbnuß haym zů süchen Der oberst gab im antwurt auß grossem zorn über můt vnd hochfart sprechend/ wie woltestu oder vermainstu mit denen deinen augen/ Darmit du gesehen hast so vil übels der welt an zůschawen den leyb võ des wegen got erschaffen hat den hymel vñ die erden/ antwurt vnser hauptman in haydnisch/ Si di in tecate melie/ Das ist

herr du sagst war/Aber thů mir so vil gnad vñ laß mich den leyb des
propheten sechen/vn geleych so ich in gesechen hab will ich mir vmb
seiner lieb willen die augen lassen auß brechē/Antwurt im der oberst
vnd sprach/O herr ich will dir sagen die warhayt/Es ist war das
vnßer prophet alda het wöllen sterben auff das er vnß ain gůt ex-
empel geb/Wie wol er hat mögen sterben zů mecha wann er gewöllt
hätt/Er hát sych aber gebraucht der armůtt vmb vnßer mayster-
schafft willen/Und von stunden an alß er gestorben ist haben in die
engel auf gefyert in den hymel da selber ist er der nächst bey got/Vn
saget vnßerm hauptman vil von dero sachen/Alß nun vnser haupt
ma auch ain mamalugk vñ verlaugneter christ waß forschet er den
obersten also/Eyse hebene mariam phron Das ist/Ihesus christus
der sun marie wa ist der selb/Antwurtet er/Mabel al nabi/Das ist
bey den fyessen machomet/Sprach vnßer hauptman/Beßbes hieft
Gesprochen/es ist gnůg ich will nit mer wissen/darnach gyeng vnß
er hauptman necher zů vnß herauß vñ sprach/Secht wie vnnutzlich
wolt ich hin gewo:ssen haben drey tausent seraphi in gold/Den ab-
ent auf drey stund in die nacht kamen zwischen die Charoana der al
ten der seet zechen oder zwelff männer/Wan wir häten vnß mit vnß-
erm hör nider gelassen ongefarlichen zwen stain wurff weyt von der
porten/Die fyengen an zů schreyen ainer da der ander dort.

Leila
lillala
machomet re
sullala Iam
Nabi hiala
hiarasullala
staffo:la das
ist got verzey
ch mir leila il
lala bedeytt
got waß got
ist vñ macho
met resullala
Das ist ma-
chomett der
Gottes bott

wirt erston/iam nabi/bedeyt o prophet o got Hiara sullala/Spricht
machomet wirt erston staffozla got vergib mir also vnser hauptmā
disse auff rür vernam/Lyeffen wir mit vnseren waffen zü samen/
Vermainttent es weren die arabier ein gefallen vnd wolten vnß die
Charoana beraben/Sprach zü den alten waß wesens hapt irvnd
warumb schreyt ir also vnd wye macht ir ayn auff rür vnder vnß/
Dyse alten gaben antwurt/ Intenia absor miri igimen elbeit el-
nabi vramen el sama/ Ist sechtir nit den schein der da wechst vnd
auff steygt auß dem grab des propheten Sprach vnser hauptmā vn
schawent auff ich sych gar nychtz/ Fraget vnß die anderen ob wir
nycht sechen oder gesechen heiten/ Sprachen sy/ Sugli/ Ist nayn/
Sprach ir ainer der altē seyt ir verkauft leyt alß mamalugken/ sagt
der hauptmā/ Ja wir seyen/antwurten sy/ Dir herren so migt ir daß
nit gesechen/wan es send hymlischen ding/ vñ ir send noch nit wol be
stetiget in dem gelaubē des hayligen propheten/Da antwurt vnser
hauptman/ Jami lanonantica telethe elphi/ Seraphi inalla ane
maiati/Celpmerzelcheli/ So vil gesprochē/ Dir narten ich hab euch
wöllen geben drey tausent seraphi bey got nimer mer gib ich euch die
ir seyt hund vñ sün der hund/ Vnd er mörcket wol das der schein vñ
das feür in betryegerey gemacht was auff der höche des gemelten tu
rens/Vñ handlet sy übel vñ sprach/ vermaint ir vnß also zü betryeg
en maint ir nit wir sechen eüer boßhayt/Also gebot vnß vnser haupt
mā/ Das vmb kaynerlay sachen willen vnser kainer mer solt eingen
in die gemelten mnschgea oder kirchen/Vñ ir solt in der warhayt ge
lauben das da nit ist kain sarch von eysen noch võ stachel noch auch
nichtz von/Calamit oder magnet stainen oder berg bey fyer meylen
darūb als man offt gesagt hat vñ noch sagt/ wir beliben da drey tag
von wegen der kameltyer die wir liessen rasten/ Dise stat betregt sich
der speyß vnd narung auß der fruchtparn arabia vnd von alkeyro
auch von etiopia auff dem mör/Wan võ dannen ist nit mer alß drey
tagrayß an das rot mör.

Capitel von der straf võ Medina talnabi gen mecha.

Ir wöllen also von den schanden vñ eyttelkayten machometi
lassen vnd weytter rayssen vnß richten nach den kuglen Com
passen vnd der auß weyßung der papir/des laufs des mörcs/
Vñ ist vnß wol not güt auff sechen zü haben/Also brachen wir wider

c ij

auf vn̄ ruckten weyter ain halben tag/ Da fand wir ainen über schō ne̅ pru̅nnen mit über flüffig gnüg waffer/Vn̄ fagend die hayden daß in fant marx der ewangelift durch ain wunder zaychen von got diſem land zů nutz vnd gůt gemacht hab/Alſo wolten wir nit ſchicken zů erfarn die erfindung des fandigen mōres/Vn̄ lieſſen das vor vnß vnd erraychten das gepyrg der iuden/ durch daſſelb zugen wir fynf tag vn̄ fünff nächt kamen darnach auf ain vaſt weytte hayden ga̅tz eben vol allenthalben aines weyſſen ſandes der da vaſt ſuptyl vnd klain iſt wie mel/So bey weylen auß vnfal ſich begibt das der wind kumpt zů mittem tag alß er kumpt zům nidergang/ſo iſt ſich vn̄ leyt verdorben/vn̄ ſo man geleych wol wind hat nach allem willen noch dannocht mag auer den andern zechen ſchrit weyt nit geſechen/Die mann reyttendt auff den kämeltyeren in ſun̄dre heüſer von holtz da ſchlaffendt vnd eſſendt ſy/Vnd die ſelben reyttendt vor an mit dem/ Compas wie man auff dem mör thůt/Auff dem ſelbe̅ weg ſtarb vnß ain groß volck durſts/Wan der ſand vnd ſtaub faſt we thůt/Vnd ſo wir dan waſſer funden ſo trancken ſy ſo vil das ſy auff geſchwallen vnd deshalben auch vil volcks ſtarb/ In dem ſelben ſand fyndt man die mumia/ Das iſt auß gedorret menſchen flayſch das braucht man in ertzney/ Wan ſich auch diſer wind erhept von nidergang ſo fyert er diſen ſand zů ſamen das an etlichen ortten groß berg vnd püchel werden/Vnd iſt ſollichs enhalb des bergs ſinay vnd als wir daſelbſt auff ain höche aynes bergs kamen fanden wir ayn thor von händ gemacht/ Auff der lingken ſeytten iſt ain höle mit ayner eyſen thür/ Sagen ötlich hayden das Machomet da ſelbſt zům mayſten tayl ſeyn gebett verbraucht hab/ Bey dyſer thür erhorten wir ayn über groß auff růr vnd zugen über den berg mit groſſer geferlichait Das wir gedachten wir möchten das end nymer mer erraychen darnach ſchyeden wir vnß von diſem end vnd zugen bey zächen tagrayßen vnd zway mal müſten wir vnß ſchlachen mit fünffzig tauſent arabi/ yedoch zů iungſt erraychten wir die namhafft ſtat mecha/ darein wir ritten vnd diſer zeyt fanden wir groſſen krieg im land wann der brůder warn vyer dero yetlicher geren herr zů mecha geweſen wer.

Capitel von der beryembten ſtat mecha vn̄ warumb die hayden alſo da ſelbſt hin wallen.

Vn̄ yetzūd wöllen wir ſagen võ der edlen ſtat mecha was ſeltz ams da iſt vn̄ wie ſy geregyert wirt dißſtat iſt vaſt hüpſch vn̄

wol bewart mit volck hat bey sechs tausent feür stöt/ Die heüser dar
in seind vast gůt wie die vnsern/Etlich die drey oder fyer tausent du
caten wert seind. Die stat hat kain maur vmb sich/zů nächst auf ain
fyertayl ainer meyl von der stadt/ Fand wir ain gepyrg darein die
straß gehawen ist mit grossem kosten/da stig wir auff zů ainer ebne
vň die gepyrg seind die mauren diser stat/Seind fyer eingeng in die
stat/vň regiert sy ain soldan der fyer brůder ainer sol sein vō dem ge
schlächt machometi auch vnd worffen dem grossen soldā zů alkeyro.

Auff dē
nachzeh
ende tag des
mayen zoch
en wir ein in
die gemelte
statt Mecha
Gegen auff
gāg der sun
nen vnd sty
gen darnach
auff wartz
auff die ebne
an der seyten
gegē mittag
da sein zway
gepirg schyer den weg der zů den portten gat berůrend/Auff der an
dern seytten da die sunn auff gat ist ainander gepirg vnd ain tälin/
Durch den selben weg gat man auff den perg darauff man die opf=
fer verbringt/Vñ abraā soll auf dem selben seinen sun Isaac haben
wöllen auf opffern ligt bey acht oder zehen meyl von der stat in der
höche alß drey stain wurff vngefarlichen võ sundern stainē vñ doch
nit marmel/Auff der höche des berges statt ayn haydnyschen kirch
nach irem sytten gepawen die hat drey thor/Vnd zů vnderst am sel=
en berg seind zwū eingefaßt behaltnuß zů wasser die ain der Charoa
na von alkeyro die ander der Charoana von Damasco zů gehörig
das wasser wirt gesamlet vō dem regē fast weyt da selbst hin gefiert
Zů seiner zeyt her nach wöl wir auch sagen von dem opffer der hay
den so sy pflegen zů thon vnderst an disem berg/ Als wir kamē in die

c iij

stat fanden wir die Charoana von Alkeyro/ Die waß bey achtt ta=
gen vor vnß dar kumen/Wann sy den weg so wir gefaren waren nit
zyechen vnd in der selben Caroana waren fyer vñ sechzig tausent ka
meltyer vñ hundert mamalugken/Wie wol das ein grosse sum dero
sich zů verwůderen ist so ist im doch in warhayt also/das land vmb
dise stat ist gantz vnfruchtpar vñ wechst da kain pom krauter noch
nichtz der geleychen/man sagt das erdtreych da selbst vmb verflůcht
sein/Es ist auch da grosser mägel an syessem wasser das ist vast teyr
da als wan ainer aines tags gnůg wasser trincken wolt kostet es bey
fyer quatrin/Vnd ain grosser tayl irer narung kumpt in von alkey=
ro vnd auff dem rotten mör/Das hat ein porten bey fyerzig meylen
von der stat gelegen die sy hayssen zida/Es kumpt auch dar vil not
turfft võ der fruchtparn arabia vnd etiopia/Wir funden zů mecha
ain fast grosse mänig der pilgeram die da hin waren kume auß etio
pia auß dem klainen vñ grossen india auß persia auß syria vñ võ vil
andern landen vñ gegenden/also das ich so vil volck zů ainé mal bey
ainander an kainem end nye gesechen hab/Ain tayl von kauffman=
schaft wegen vnd ain tayl in pilgerams weyß vmb gnad haim zů sů
chen vnd zů erlangen/Daruon ir weyter hören wert

Capitel von der kauffmanschafft zů Mecha.

Zům ersten wöllen wir sagen võ der kaufmanschaft zů mecha
die dan dar kumpt võ vil orten besunder auß der grossen india
kumpt gar vil edel gestain vñ perlein vñ aller sort spetzerey/es kum
en auch da selbst hin die moren auß etiopia vñ sunderlich auß dem ni
dern india võ ainer stat/bangehella genät vil pomwoll vñ pomwol=
len thůch vñ von seyden/Also das in diser stat mecha ain übergrosse
hanttierung ist.

Von irer gnad die. die hayden haim suchen zu mecha

SJ die hayden seind auch der mainung mit walfart an die hay=
ligen stöt genad vnd ablassung der sünden zů erlangen/Dar
umb sy dar kumé/Vñ mitten in der stat ist gar ain hüpscher tempel
vergleycht sych bey nachendt dem/Colisco zů rom nit von gehawen
aber von gepranten stainen gepaut in die runde ist gewölbt vñ hatt
rings weyß vmb sich achzig biß in hundert thür oder thor/Jn dem
eingang des gemelten tempels gat man abwartz zechen oder zwelff
stapflen võ marmelstain/Jn dem selben eingang send vil man indi
an vñ hayden die joya vñ klaineter verkauffen vñ sunst kain ander
ding verkaufft man da selbs/vñ so man die stapflen hin ab kumpt

Sycht man den gemelten tempel scheybs vmb bedoct vñ belegt mit gold vñ grosser kostlichayt/Auch vnder den gedachtē gewelben seind bey fyer oder fünff tausent personen man vñ frawen die da verkauffen wolschmeckende ding mangerlay sort/vñ ain güten tayl des puluers zü behalten/Die todten leychnam der menschen/wan võ disem end werden sy gefyert in alle der hayden land/Vnd warlich so mag man nit auß gesprechen die süsygkayt vnd güten gerach den man enpfyndt in disem tempel wan mit solichem vermaynen sy dem machomet groß lob vnd eer zü beweysen/Auff den drey vnd zwaintzigesten tag des mayen facht sych an dise walfart vñ gnad d̄ sy sich dero massen vermüten taylhafftig zü machē/En mitten in dem gemelten tempel der da auff gedackt vñ offen ist eben Jn der mitten stat ain turn die grösse des selben ist fünf oder sechs schrit auf yetlichs fyer ort/darumb gespannen ain rain seyden thüch aines mans hoch/da ist auch ain sylbrine thür durch die man ein get in den turn/Auff ainer yeden seyten der thür stat ain geschyrt als ain pecken oder kyestein/Wölches sy sagen voller palsam sein/Den zaygt man auff den pfingstag/ Sy sagen das es sey ain tayl des schatzes des grossen Soldans/Auf alle ort des turens ist in yedem winckel ain ring.

Vnd auf dē fyer vnd zwayntzigestē tag des mayen alles volck vachtt an vnd get sy ben male vm den gemelten turen vñ allemal küst vñ beryert man die selbē ring in den winckeln/Vnd an yeden ring besunder/Bey zechen oder zwölff schritten von disem turen ist ainander thuren geformyert gleych ayner/Capell bey vnß vnd drey oder

c iiij

vyer türlein/Daran in mit deſſelben thuren iſt ayn über hüpſch-
er prun̄ mit geſaltzem waſſer iſt als ſy ſagten bey ſybentzig elen tyeff
Bey dem ſelben prunnen ſten ſechs oder acht man darzů verordnet
vnd ſchöpfen waſſer fyr das volck/Vnd ſo ainer ſyben malen vmb
den thuren gangen iſt/So gat er zů dem prunnen vnd hält ſych mit
dem ruggen vnder den aymer/Vnd drey malen land ſy ſych alſo be-
gyeſſen/Vom haupt oben an über ab/Ob ſy ioch beklaydt ſeind von
ſeyden vnd köſtlichem gewand alß ich ſelbſt geſechen hab/Vnd ſpre-
chend darzů/Biz miley erachman erachim ſtoforla aladin/In teüt-
ſch das ſey im namen gotzes/Gott verzeych mir mein ſynd/Vermai
nend das alle ir ſünd beleyben in diſem auff gegoſſen waſſer/Sy ſa-
gen auch wie der turen vmb den ſy gond/das erſt hauß geweſen ſey
das abraam gepawt hab/Vnd alſo naß gond ſy alle durch das ge-
melt tal des bergs/Da ich vor vō geſagt hab/Vnd beleyben da zwen
tag vnd ain nacht/Vn ſo ſy vnden an dem berg ſeind thond ſy ir opf
fer wie hernach ſtat.

¶ Capitel wie ſy ir opffer zů Mecha verpringen

Darumb das die neüe gehörtte ding adelichen gemyeten luſtpar
ſeind zů hören den ſelben weytter bericht zů thon/Will ich auch
anzaygen wie ſy pflegen zů volbringen ire opffer zů mecha/Ain ye-
der man oder weyb ertödt auff das wenigeſt zwen od drey etlich fyer
oder ſechs/Caſtron/Macht ain ſöllich groſſe ſum das ich gentzlich
gelaub/Das den erſten tag ertödt werd ob den dreyſſyg tauſent/Ca
ſtron die ſchinden ſy gegen der ſonnen auff gang/Vn ain yeder gibt
ſöllichs vmb gotz willen armen leütten/Dero auch als ſy vermayn-
ten ob dreyſſyg tauſent da waren/Die machen ain über groſſe grůb
en in das erdtreych vnd thond darein myſt von kämelthyeren mach
end ain feür wermend das flayſch ain wenig darbey/Vnd alſo eſſen
ſy das vnd iſt wol zů gelauben/Das die armen menſchen mer dar
kumen von hungers weder von gnad wegen/Wan es ain über arm
vnd ellend volck iſt/Wol darab zů nemen wan wir die/Cucumer die
wir mit vnß auß arabia gebracht geeſſen hetten/Vnd die ſcheſſen
fyr vnſer gezelt wurffen/So ſtonden aller zeyt darvor fyertzig oder
fünfzig perſonen vnd kriegten ſych vmb ſöllichs was wir weg wurf
fen/Des andern tags ſtond ir ainer der oberſt irs glaubens auf die
höhe des gemelten bergs/Vnd thät ain predig zů allem volck weret
ongefarlichen auff ain ſtund/Vn ſchry zů in/in irer ſprach etlich re-

den ermant sy das sy solten bewainen ire sünd vn̄ schry zů in mit latter stym O abraam der wol gehalten vn̄ lieb gehapt von got/ O Isaac auß erwölt võ got vn̄ ain fraind gotes/ Bitend got für das volck des propheten/ Vnd als dann hört man ain fast groß wainen/ Vnd als er die predig volbracht het er hůb sych die Charoana vnd lyeff alle in die stat mecha mit grosser vngestyem̄/ Wann auff sechs meyl weg waren hin zů kumen bey den zwaintzig tausent arabi die Caroana zů berauben oder etwas ab zů brechen/ Also kamen wir vor inen in die stat gelügklich/ aber als wir kumen waren auf den halben tail vnsers wegs neben den berg da man das opffer thůt/ Fanden wir ain besunders meürlin fyer elen hoch/ Vnderst bey dem meürlin lag ain grosser hauffen klainer staynlein/ Da selbst hin geworffen von dem volck so sy fyr gond/ sollicher mainung vn̄ sagen/ zů der zeit als abraam seinen sun ysaac auff disem perg hab wöllen got auff opfferen seye ysaac seinem vater nach gangen da sey zů vnderst bey disem meürlin der teyfel zů im kumen in gestalt seines gůtten fraindes vn̄ zů im gesprochen/ Wa wilt du hin gon mein lieber fraind ysaac/ Antwurt er im zů meinem vatter abraam der warttet mein an disem ort Da sprache der teyfel gang nit mein lieber sun/ Wann warum dein vatter will dich gott auff opfferen vnd wirt dich tödten/ Antwurt ysaac laß in machen ist es der will gottes so beschechs/ Da schyed sych der teyfel von im/ Vnd ain wenig baß hinauff bekam im aber der teyffel in der gestalt aines seynes gůtten fraynds sprach aber zů im die vor gemelten wort/ sagend sy das im ysaac zornigklich geantwurt vnd ain stain auff gehapt vn̄ den selben dem teyffel in das angesicht geworffen hab/ Vn̄ also werffend sy stain zů dem selben meürlin den teyfel zů verstainigen/ auch so sachen wir bey der strassen der stadt bey fünfftzig oder zwayntzyg tausent tauben/ Sagendt sy seyen von der zucht der tauben die mit machomet geret haben in gestalt des hayligen gaystes/ Die selben tauben flyegendt durch die gantze stat wa sy wöllen als zů den leden da man koren hirsch vnd reyß verkaufft vnd gethar in nit geweret werden/ Es gethar syauch nyemā fachen noch tödten Wa ainer disen tauben layd thette das hyelt man fyr ain grosse sünd/ Man speyst sy auch mitten in dem tempel mit überflüssyger speys.

¶ Capitel von dem ainhoren zů Mecha die man wenig fyndt an andern orten.

b

Auff ai-
ner an-
deren seytten
des tempels/
in ainem ge-
mair send ein
Geschlossen/
zway lebēd
ige ainhorē
die zaygt mā
für ayn gar
wunderbar-
lich ding als
es dan warli-
chen ist. Von
dero gestalt
will ich sagen/ Das grösser ist geleych ainem wolgewachsen iungen
volen bey dreyssig moneten alt/ Hat ain horn an der stirn bey dreyen
elen lang. Das ander was klainer vñ hett ain horn dreyer spannen
lang ongefarlichen/ sein farb ist wie aines dunckelpraunen pferds
hat ain kopf vast wie ain hirsch vñ ain langē halß mit etlichen krau
sen haren vñ kurtz die im auff die ainen seyten hangen/ klain schenck
el auff recht wie ain gayß pock/ Sein fiß ain wenig gespalten da fo1
nen vnd die claen wie die gayssen hat/ Auch sindre har auff dem hin
dern tayl der schenckel/ Ich gelaub auch warlichen das es fast ayn
fraysam wildes tyer sey/ vñ dise thier warden geschenckt dem soldan
zū Mecha für das hüpschest vnd der seltzamesten dinge aynes der
welt vnd für ayn reychen schatz/ Von aynem künig der moren auß
etiopia/ Der mit dem gedachten Soldan zū Mecha frayntschafft
begeret zū machen.

Capitel von etlichen zū felligkaytten zū Mecba vnd
von der porten Zida an dem mör.

Ir kumpt entgegen euch auch zū berichten etlicher zū felle/ die
mir begegneten vñ mich vrsachten zū flyechen von der Caroa
na/ Als ich was gangen in der stat etwas dings zū kauffen fyr mein
hauptman/ Ward ich erkant von ainem hayden der beschawt mich

eben in dem angesycht/vn̄ spricht zū mir/ Inte mename/das ist von
Wānen bistu/ Ich antwurt im ich bin ain hayden/ Sprach er (Inte chedcub) Sagt ich sprech nit war. da sprach ich/ Drazalnabi enez
muz lema (Ist so vil) Bey dem haupt machometi so bin ich ain hay
den/ Antwurt er mir/ Tale beythane (Bedeyt) kum mit mir zū hauß
Also gyeng ich mit im/ Da ich in sein hauß kam fyeng er mit mir an
welsch zū reden/ Vn̄ sprach ich kenn dich das du kain hayden bist sag
mir vō wānen du seyest berichtet mich wie er auch gewesen wer zū ge
noa vn̄ zū venedig/ vn̄ gab mir des gnūg anzaygen das er war redet
des ich also vō hertzen fro ward/ als ich sollichs vō im vernam sagt
ich im wie ich ain römer wer vnd zū alkeyro zū ainem mamalugken
gemacht worden/ Als er das von mir vernam ward er vast wol ge
mūt/ vn̄ thet mir über grosse eer/ vn̄ darūb das mein gemyet vn̄ will
stond weytter zū faren fyeng ich an mit im zū reden/ Ob das die stat
mecha wer von der man so weyt in der welt sagte/ Vnd fragt in wa
so vil zoya edel gestain vnd spezie vn̄ so manigerlay kaufmanschaft
fayl were/ Als ich offt darvon vernomen het/ beschach alles auß der
vrsach das er mich der ding auch berichtet vn̄ ich auß seinem mund
verneme die mär der ich vor ain gütten tayl wissend trūg/ Wan mir
wol wissend was das der selben kaufleüt nit mer so vil gen Mecha
kumen/ als etwan beschechen ist/ vō wegen das der künig von portu
gal ain her was worden etlicher land vnd auff dem mör occeanum
vnd der örter persia/ Da fyeng er an vnd sagt mir von wort zū wort
die vrsach warumb der gemelten kauffmanschatz nit mer so vil gen
Mecha kemen/ Da er mir das alles saget/ Vnd wye ain künig ayn
Christen zū portugalia des alles vrsach wer/ Wie ich des selben ires
vngelücks freüd het/ So thet ich doch sam es mir von hertzen layd
vnd ayn nußfailen wer über den künig von portugal/ Das solliche
köstlyche land solten verderben/ Damit er mich gedecht ayn feynd
der Christen sein/ Da thett er mir noch grösser eer auff vnd bericht
tet mich aller dyng was ich in forschet/ Also batt ich in/ Vnd sprach
zū im/ Menaha menalhabi/ O meyn lyeber frayndt/ Ich bytt dych
gyb mir vnderrycht das ich empflyechen müg von dyßer Charoa
na/ Wann meyn will vnd maynung were zū suchen mer land vnd
künig dye der Christen fyend seynd/ Wann sollten sy bey mir wyß
sen den verstandt So ich hab auff kryegen vnd zū handlen wy
der dye Christen/ Sy schyckten Nach mir byß hye her gen Mecha/

d ij

Da sprach er bey dem haupt des propheten sag mir was kanstu machen/Sagt ich im ich were der aller böst mayster zů machen groß püchsen vnd geschütz/Da er das erhort sprach er machomet der sey alzeyt gelobt der vns ain söllichen mann zů gesandt hat zů dyenst den hayden die võ got seind/Also verbarg er mich in seinem hauß bey seiner frawen/Vnd bat mich das ich durch mein hauptman zů wegen precht das er fünffzechen kämelthyer auß mecha treyben möcht geladen mit specerey/das thet er darumb das er kainen zol bezalen dörft das ist dreyssig seraphi het er dem soldan bezalen myessen/gab ich im antwurt wa er mich behalten möcht in seynem hauß so wolt ich im frey machen gen hůdert kämelthyer wa er so vil hete/wan die mamalugkten haben des also ain freyhayt/da er das hort was er gantz wol zů friden gab mir darnach leer vn vndericht wie ich mich darzů schicken vn halten solt er gab mir auch kůnschaft vn füdernuß an ainen künig/der do wonet in der grössern india der genant wirt der künig võ dechan/Zů seiner zeyt sagen wir weytter võ dem gemelten künig nů ainen tag vor vn sich die Caroana weg schied võ mecha verbarg er mich in seinem hauß an ain haimlich ort/ vn als es nů gegen morgen was zwů stund vor tags/da giengen durch die stat ain über grosse mänig mit instrumenten dyenent zům syngen nach irem sytten vn mit trumeten/verkündent durch alle gassen/Das alle mamalugkten bey der straf ires leibes vn lebens auf ire roß sytzen vn wider fürsich nemen solten iren weg gen syria/Das gebot hort ich das es so ernstlich geboten ward/ vn betriebet mich vn zwang mich vmb das hertz vn manig mal befalch ich mich der frawen des haußuaters/ Zů vor an got dem herren das er mir hulffe auß diser not/morgens das was an ainem affter montag schyed sych die gedacht Caroana mit der selben zoch meyn wirt auch hyn weg vnd lyeß mich da haym in seynem hauß bey seiner frawen/mit befelch sy solt mich den nächsten freytag darnach verordnen mit gůtter vnderricht in die Charoana die da gieng zů der portten zida seind fyertzig meyl/Die frainschafft vn geschelschafft die mir dise fraw thet kan ich nit vol sagen/vn Sunderlichen aine ires brůders dochter von fünffzechen iaren alt/Verhieß mir wa ich da belyben wolt sein wölt sy mich reych machen/vn vmb künftiger gferlichayt willen verhieß ich ir auff ain andere zeyt nach meiner rayß zů thon was sy wolt/Als der freytag kumen waß schied ich mich mit der Charoana/ Nit mit wenigem vnmůt vnd myßfal

len der gedachten frawen/ Die da waynten vnd klagten meyn hyn
schayden/Auff die mitnacht kamen wir zů ainem dorff der arabi/da
beliben wir die gantzen nacht biß das es wider tag ward/den ander
en morgen prach wir aber auff zugen biß auff mitnacht/Vñ kamen
an die genanten porten vnd in die stat zida.

¶Capitel von der porten Zida vñ von dem rotten mör.

Wie wol dise stat kain maur vmb sych hat/ so stand doch darin gar
vil hüpsche heüser fast nach welschem sytten gepawen/Das wöl wir
in seiner beschreybung kurtz begreyffen/ Dises ist ain stat von gros
sem gewerb vñ handel/Wan da selbst hin kumpt zů gelent auff was
ser vñ land ain groß volck der hayden vnd gethörren da selbst weder
cristē noch iuden kumē. Als ich in dise stat kume was gyeng ich in die
den tempel/Darin vñ darbey waren bey fünf vñ zwaintzig tausent
armer menschen die gewesen waren auff der gnad zů mecha vnd wi
der haim faren wolten.

Also ver
barg
ich mych yn
ainē winckel
des tempels/
vnd auffent
hielt mich da
selbst mit gar
wenyg speys
fyer zeche tag
ligend auf dē
erdtrych den
gantzen tag
myt meynen
klayderen be
dóckt vnd kla
gend/Das ich grosses leyden het im magen vñ leyb/ Etlich kaufleyt
die fyr gyengen fragten wer ich wer/ So sagten die armen die vmb
mich stonden ich wer ain armer haiden vñ welte sterben an ainem a
bent gieng ich auß dem tempel vñ kaufet mir zů essen des ich grossen
lust enpfangen het/ wan ich die vergangen tag mit mer als ain mal
im tag vñ vast übel geessen het/ Dise stat wir geregiert durch ainen

d iij

herren ainen brůder barachet ist des soldans võ mecha/ Aber vnder
worffen dem grossen soldan zů alkeyro/ Alda ist nicht vil sunders zů
sagen sy seind haiden/Vnd das land bringt kaynerlay frucht yedoch
gnůsame narung hat man da aller sachen/Das man darpringt võ
alkeyro auß der fruchtparn arabia vñ võ andern orten/Es ist auch
da grosser mangel vñ teürung vmb süße wasser/das rot mör schlecht
biß an die heüser der stat die hat bis in fünfhundert feyr stet ain vast
vngesunder lufft/ des halben ich ain grosse mänig krancker leüt da
sach nach außgang der vyerzechen tag vertrüg ich mich mit aynem
Patron aines schiffs/Wolt in persia faren/Vñ stonden in dem sel-
ben portten ob hundert schiffen vñ naue/Von dannen über drey tag
richt wir auff vnßre segel des ich mich ser erfrewt/das ich vngemelt
auß diser stat kůmen was vnd schiffeten über das rot mör.

¶ Capitel von dem roten mör vnd warumb es nit gut
zů schiffen ist.

Zů wissen das rot mör ist geleych ainem anderen wasser vñ nit
rot als man vermaint/wan das es rotten sand hat/Auff dem
selben füren wir ain tag biß die sunn vndergyeng/Wan man mag
bey nacht auff disem mör nit schiffen/Vō wegen der felsen vnd schro-
fen an den selben orten im mör/Vnd all tag thät wir des geleychen
biß wir erraychten ain insel die man nendt Chameran/Von der sel-
ben insel fyro auß mag man faren tag vnd nacht sycherlich.

¶ Das ander bůch sagt võ dem seligen oder der frucht
parn arabia.

¶ Das erst Capitel von der stat Gezan vnd vonirer
fruchtperkayt.

Nach dem wir nun erzölt haben die ort/stöt vnd sytten des volk-
es vñ landes der wyeste Arabia auff das kürtzest/Ist mir lye-
plicher zů sagen vnd zů schreyben võ dem fruchtparn das da genant
wirt võ inen das selig arabia/Nach sechs tagen die wir gefarn wa-
ren erraychten wir ain stat die genant Gezan/ Die hat ain über die
maß hüpsche portten des mores/ Da fanden wir fünff vnd fyertzig
schif stond võ manigen landen/vñ die selb stat hölt sich vast des krie-
ges auff dem mör/ist ainem herren d ain hayd ist vnderworffen/hat
ain fruchtpar erdtrich vmb sich/ Alle frucht wie bey vnß fast wach-
sen/als wein trauben/mandel küten vñ margrand öpffel über schar-
pfen knoblach Vñ all ander der geleychen frucht vast volkůmen vñ

gut zů grossem lust die menschen in diser stat gond den mertayl nack
end/ Lebend haydnischer sitten/ dise stat hat überflüß võ koren gerst
en hyrsch reyß vnd flaysch/ Da beliben wir drey tag vnd versachen
vns mit speyß nach vnser nottursst.

Capitel von etlichem volck die man nenōt Baduin.

Alß wir vnß schieden võ Gazan/ Füren wir fünff tag das wir
aller zeyt das land in vnserm gesicht hetten/ Auff den nach gen
den tag sachen wir wonungen auff die lingken hand an dem ort des
mõres/ Da lent wir zů vn stigen der vnsern fyerzechen personen auß
auff das land vnß vnser noturft vn essende ding zů kauffen vmb vn
ser gelt/ ir antwurt was aber das sy stain auß den schlinge zů vnß in
die schif warffen vn vns die auß gestanden waren zů bekümern/ wa
ren ir mer als hundert personen/ Vn wie wol vnser nit mer als fyer
zechen auf dem land waren/ Scharmitzlen wir dannocht mit in auf
ain stund lang vnd beliben der iren fyer vnd zwaintzig man tod/ die
andern all gaben sich in die flucht/ Sy waren all nackend vnd hâten
kain andre wōr als die schlingen vn kolben/ also namen wir auf dem
land was wir funden kelber vast gůt hennen vnd anders/ Vnd über
zwů bis in drey stunden hetten sych versamlet die in woner des land
es also das ir bey sechs hundert wurden/ Deshalben wir hynder sich
weychen müßten in vnsre schif/ vn styessen mit den selben wider von
dannen.

Capitel von der insel Cameran im roten mōr

JN dem selben tag namen wir den weg zů faren gegen ainer in
sel genant Cameran/ Wōlche sich erzaygt vmb sich haben zech
en oder zwelff meyl/ vn ain stat darin habent bey zway hundert feür
stetten bewonet von den hayden/ sy hat auch gar ain gůte porten des
mōres gegen dem land gelegen/ Das dan bey acht meyl wegs daruō
ligt/ Da hat es süß wasser/ Vn für sich genyegen von flaysch/ Man
macht auch darin das schōnest saltz das ich nye gesechen hab/ Die in
sel ist vnderworffen dem soldan oder künig von Aman/ Das ist von
der fruchtparen arabia/ Da beliben wyr zwen tag vnd namen dar
nach vnßern weg gegen dem schlund des rotten mōres/ Da wir den
errāycht heten gedaucht vnß wir weren in ayner verschlossen behalt
nus/ Wan diser schlund ist etwas bey fyer meylen weyt/ Vn auff die
gerechten hand ist das erdtreych an dem mōr bey den zechen schūyren
hoch vnwandelpar so weyt mann gesechen mag/ Auff die lyngken
hand ist ain hoch vnd stayng gepürg/ Inn myttel des schlunds/

d iiij

Kamen wir zů ainer klainen inſel ed vñ nit bewart haiſſen ſy bebmẽ do/ Vnd wer da faren will gen zeyla můſz ſich haltẽ auff die rechten hand/ Vnd gen aden auff die lingken hand/ Alſo nam wir vns für gen Aden zů faren hetẽ allerzeyt das erdtreych in augen/ Vnd von gemelt er inſel bebmendo kamen wir gefaren zů der ſtadt Aden in dritthalben tag.

¶ Capitel võ der ſtat Aden vñ von etlichen gebrauch en der kaufleyt.

Aden iſt als ain ſtarcke vnd veſte ſtat/ Dero geleychen ich nit vil geſehen hab/ Sy iſt an zwayen ſeytten gemaurt vñ an den andern zway ſeyten hat ſy über die maſz groſſe gepirg/ Darauff li= gend fünff gůte ſchloſz/Aber die ſtat ligt alle in der eben vnd ſeind da rin fynff biſz in ſechs tauſent feür ſtet/ Auff zwů ſtund der nacht ſo hålt man erſt marckt/võ wegen d' über groſſen hitz ſo da ſelbſt iſt vñ aines ſtain wurfs weyt võ der ſtat ligt ain veſt ſchloſz/ Da lent man zů vnd ſtet auſz den ſchyffen zů vnderſt an dem gepyrg/ Diſe ſtat iſt vaſt hüpſch vnd die oberſt haupt ſtat in der fruchtparn arabia/Vñ alda werden alle die ſchif/ ſo auſz india etiopia vñ auſz perſia kumen auffgehalten/ Vñ was gen mecha faren will můſz in diſem porto zů lenden/ Vnd ſo bald ain ſchiff in die porten fört/ So komend des ſol dans amptleüt vñ forſchent von wannen ſy kumen gefaren/ was ſy mit in fyeren wie lang es ſey das ſy ſeyen auſz gefaren wie vil perſo nen in yetlichem ſchiff ſeyen/ vñ nach dem ſy dan all ding aygentlich erforſcht hond/ So nemen ſy zů iren handen die ſegel pom vñ ſegel die deychſel vnd die ancker/ Vnd tragend alle ding in die ſtat/Das thon ſy darumb das ſy on bezalung des zols nit mögen hin wegk fa ren der dan groſz iſt vñ dem ſoldan der ſelben ſtat zů dehört/Des an dern tags als ich in die ſtat was kumen/ Verſtricket mich ain groſſe angſt/ Wan ainer meiner mit geförtten ſprach zů mir/ Du chriſten hund vñ hunds ſun/ Das hetẽ etlich haydẽ vernomen võ ſtunden fůlen ſy mich an mit groſſem grymen vñ fyengen vnd fůrtten mich auff den palaſt des vice ſoldans oder ſtathalter/ Wann der ſoldan was nit in der ſtat/ Vñ ſo bald machten ſy ain rat/ Das man mich tödten ſolt vñ zigen mich ich were ain ſpeher vñ verretter der criſten Die weyl der künig võ portugal diſe örter ain tayl bekümert/ Seind ſy den chriſten über auſz gehaſz vnd feynd/ Vnd die weyl aber der ſol dan diſer ſtat nye kainen het ſchaffen zů tödten.

Ette ſy
daño/
cht entſytzẽ
mich zů tőd⸗
ten vnd hyelt
ten mych ge
fangen fünff
vñ ſechezyg
tag myt ach
zehen pfund
eiſens an den
fyeſſen ongef
arlich des dꝛi
ten tags alß
ich gefangen
ward Kamẽ
gelaſſen bey fyertzig oder funtzig hayden auf den palaſt vñ ſagten
wie ſy von etlichen ſchiffen der portugaliern entrunnen vnd auß ge
ſchwimen werẽ/Ward das geſchꝛay das ich namlich ainer wer võ
den ſelben portugaliern da her komen die ſtat zů verratten/Vnd lieſ
ſen etlich auf den palaſt mit waffen in iren henden mich zů ertödten
Alſo got der almechtig thet mir genad das diſſer der mich in hůt het
ſchlůg die thůr inwendig zů/vñ võ diſer auff rürkam die gantz ſtat
in harneſch vñ begerten das man mich vnd mein mit geſollen der
auch bey mir gefangen lag tödten ſolt/vñ etlich warẽ dar wider/zů
iungſt des ſoldans ſtathalter hielt ob vnß das wir nie gerőt wurden
nach den gedachten fynf vñ ſechzig tagen ſchicket d́ ſoldan nach vnß
Alſo warden wir bayd zů im gefyert auf ainem kämeltyer mit ſtar
cken eyſen an den füſſen vñ waren alſo acht tag auf der ſtraſſen/dar
nach ward en wir fyr pꝛacht dem ſoldan in ainer ſtat genant Rha⸗
da/Als wir kamen in die ſelb ſtat/Da muſtret der ſoldan bey den ach
zig tauſent mannen/Wan er wolt ſych ſchlachen mit ainem andern
ſoldan ainer ſtat genant Sana gelegen võ Rhada dꝛey tag rayſen/
Diſe ſtadt ligt ayn tayl in bergen vnd ain tayl in der Ebne iſt vaſt
ain hüpſche vnd namlich ain alte ſtat reych an leyten vñ an gůt/ vñ
da wir alſo dem Soldan für bꝛacht wurden forſchet er mich von
wannen ich wer/Antwurt ich im/ Anabletro taſidi anatgi aſlalem

meneltheyro anegi medina talnabi et mecha et badanigi bledhech cul ragel Calem in te sidi seick hiasidi anebdech in te maars sidi ane musolunun so vil gesprochen/vō wānen bistu vn̄ was ist dein gscheft hie/Antwurt ich im wie das ich wer ain römer vnd zū ainem mama lugken gemacht worden zū alkeyro/ Vn̄ wer gewesen zū medina bey der begrebnuß des propheten/ vn̄ auch zū mecha vnd wer kumen zū besechen sein herschaft/ wan ich in syria vnd allenthalben hab hören sagen das ir seyt haylig/vn̄ ich gelaubs ir seyt haylig/vn̄ gelaublich solt ir wissen das ich kain specher der Cristen bin besunder ain güter hayden vn̄ dein verkauffter knecht/Da sprach der soldan zū mir sag Leila illala mahumeth resullala/Vn̄ das kund ich nye sprechen wie wol ichs vor malß ob hundert mal gesprochen het/Villeycht was es da zū mal der will gottes also/Oder die forcht die mich begriffen het vō stunden an schüff der soldan das ich in ainen kercker gefürt wurd mit grosser hüt etlicher Mann von achzechen schlossen als all mal vyer von aynem schloß beliben vyer tag wechslen dann ab vnd Ra-men ander fyer nach dem vn̄ die ordnūg also ist verhüten mich also drey monet lang nit mit ander speyß wan mit ainem klainen hirsch-en prot des morgens vnd aines des abentz/Also das mir sechse der sel-ben aines tags nit gnügsam gewesen weren/Vnd wa man mir was-ser gnüg geben het wer ich dester baß bestanden/Nach zwayen tag-en zoch der soldan zū feld auff die stat Sana mit dem volck vnd aller rüstung vnder dem selben volck sagt man mir weren ob drey tausent man christen kinder auß priester Iohans land die in die selben land von acht vnd neün iaren verkaufft worden/ Die laßt man lernen in den waffen/Vnd send zū hüt verordnet des soldans leyb/Werdent mer geacht der mannichayt halben weder sunst das gantz hör geacht ward/Wann die ander mänig was der mertayl nackend mit ainem halben leylach an stat aines mantels am leyb habend beklaydt/Vnd so sy zyechend in ain streyt gebrauchen sy sich etlicher tartschen rotin von zwayen ochsen oder kyeheyt leder auff ain ander geleympt vnd in der größ wie ain klainer faß boden/die trägt er in der hand in der andern ain kurtz vnd brayt schwert/Etwan beklaydt in roten zwilch oder ander farb mit pomwoll geneet/gemainklich so tragen sy auch schlingen darmit zū werffen die pinder sy vmb den kopff vnd vnder dem ain höltzlin ainer spannen lang hayssen sy mesneck/ Seybrend sy die zen mit/Vnd gemainklich die man von fyertzig oder fünfftzig jaren tragen zway horen gemacht võ irem aygen har sechen wie die gayß böck/Der gemelt soldan fürt mit in auß in dysem feld zug zů seinem gebrauch biß in fünff tausent kämeltyer geladen mit gezelten Die selben alle vnd die strick darzů von pom woll gemacht.

¶ Capitel von der weyber begird in der fruchtparen arabia die sy haben zů weyssen mannen

Als ich sach dise rüstung hin weg faren/Gab es mir es mir wenig ergetzung in meiner gefencknuß/Da will ich wider võ sagen/ In dem palast diser stat was aine der dreyer weyb des soldans Die wonet da mit zwelff oder dreyzechen hüpschen iunckfrawen in irem zymer/der selben weyber farb ist mer schwartz dan ander farb die het mich gesechen als ich gefangen gebracht ward/Als der künig hin weg geritten was schüf sy vnß pössern gmach mit essen vnd wir so gestreng nit mer gehallten wurden/Das wir zů mal wol leyden mochten vnd notturfftig waren/Als wir das mörckten machten ich vnd mein gesoll vñ sunst ain hayden der auch bey vnß gefangen lag mancherlay anschlög zů vnserm hayl/Als mir auch gelücket vnd bedaucht vnß gůt sein das sich ainer vnd vns gleych snet vñ machet zů ainem torn ob also vnser ainer auß gelassen wurd vñ den andern döster baß hilff beweyssen möcht Gefyel das loß auf mich vñ da ich das ampt angenomen het was not das ich auch thette wie ainem torn zů gehört/sollichs kam der küniginn fyr die schüff mich herauß zů lassen yedoch mit den eysen allzeyt an den füßen/Vn fyr war mir geschach bey weylen vast wee sünderlichen von den büben vñ anderm gesünd/ Dero mir etwan fyertzig oder fünfzig nach lieffen mich vmbtriben vñ mit stainen zů mir wurffen/Des geleychen ich auch thet trůg gemainklich stain bey mir die schoß vol in dem hembd/die künigin lag an ainem laden mit iren iunckfrawen morgens vñ abentz mit mir zů reden vnd zů sechen wie mich das hoff gesünd vñ die kaufleyt vmb triben/ich mörcket wol der künigin willen vñ in der narren weyß zoch ich das hembd ab lieff also nackend vñ bloß zů der künigin/Die het ain wolgefallen darab/wolt nit das ich mich so bald solt võ ir schayden/Vnd schůff mir gůt speyß vnd essen/Also das ich tryumphyeret vnd wol zů friden was vnd sprach zů mir/Schlach auff sy auff die tyer vnd ob du ainen todschlechst sey sein schad vnder anderm gieng ayns tags durch den hoff im palast ayn Castron fast groß des schwantz bey fyertzig pfunden schwer den selben fyeng vnd begryff ich

e ij

Und forſ=
chet in
ob er ain hay
den ain criſtē
oder ayn nd
wer/vñ nach
dē ſprach ich
zū ym wyrd
ayn Hayden
vñ ſprich leil
la illala ma=
chomet reſul
lala/ſo ſtond
er dann wye
ain gedultigs
thyer das nit
reden kan da nam ich ain ſtecken vñ ſchlůg im die füß all fyer ab des
lachet die künigin vñ gab mir darnach võ diſem flayſch drey tag zů
eſſen/Alſo das mich gedaucht ich het nye bas gelept vñ böſſer fleyſch
geeſſen/über drey tag darnach ertödt ich ainen eſel/der das waſſer in
den palaſt trůg in der geſtalt wie ich mit dem Caſtron gethon het da
rumb das er ſich zů kainem haiden wolt machen laſſen/ich thet auch
alſo ainem iuden/Den trucket ich das ich in fyr todt ligen ließ/Aber
an ainem morgen wolt ich thon wie ich vor gethon het/Dero ainem
der auff ſechen ſolt auff mich haben zů verhyetten/der ſprach zů mir
du Chriſten hund vnd hunds ſun/Da warff ich in mit ſtainen/Alſo
wandt er ſych gegen mir mit allen bůben die er gehaben mocht ich
ward vaſt hart geworffen mit ainem ſtain in die bruſt das mir ayn
weyl der attem gelag/So kund ich in nit wol gefolgen der ſchwere
eyſen halben ſo ich an den füſſen het/Alſo nam ich die flucht der gefen
cknuſs zů aber ee ich die erraycht/Traffen ſy mich mit ainem andern
ſtayn hynden in ayn waden der mir wyrſch thet weder der erſt/Vnd
wie wol ich mich villeycht hett vor in mögen fryſten/Wolt ich doch
meiner torhayt ſtat geben vnd gieng alſo in die gefäncknuſs/võ ſtun
den an vermachten ſy mir den auſs gang mit gar groſſen ſtainen vñ
lieſſen mich alſo darin ligen zwen tag vnd zwu nächt ſunder on eſ=
ſen vñ trincken/Alſo das die künigin vñ iuckfrawen zweyfleten ob ich

noch lebenbig oder todt wer/ Lyeſſen die thür wider auff prechen vñ
die hündiſchen meine verwater trügen mir ſtayn zů/ Vnd ſprachen
iß daß iſt ſüß als zucker/ vñ etlich gaben mir weinber koren die waren
mit kot geſült/ An dem ſelben tag lieſſend etlich kaufleyt zwen mann
kumen die waren bey in für haylig gehalten der geſtalt wie bey vnß
die ainſidel ſeind/ Die hetten ir ſtete wonung in gepürgen vñ hölern
denen ward ich für pracht vñ angezayget/ die kaufleüt der ſtat fragt
en die zwen man was ſy von mir hyelten vnd was ſy bedeüchte/ Ob
ich wer ayn tor oder ain hayliger/ Ayner vnder in ſprach ich halt in
haylig der ander ſprach vñ ich halt in für ain toren/ vñ ſtonden alſo
in diſer diſputatz bey ainer ſtund/ vñ ich da mit ich mich möcht võ in
machen/ Hůb ich das hembd auff vnd bruntzet an ſy bayd/ Da fluch
end ſy von mir vnd ſchryen/ Migenon migenon ſuffi maffi/ Das iſt
ſo vil als er iſt ain narr er iſt ain narr vnd kain haylig/ Die künig-
in die oben an ainem laden ſtond mit iren iückfrawen das alles ſach
die fyengend an zů lachen ſprechend O achala o razaal nabi adera-
gel maphe doma methalon (Das iſt) bey der gyet gotes vñ bey dem
haupt machometi ſo iſt diſer der böſt man der welt/ Alß der morgen
kam diſer der die rumur angefangen vnd mir den ainen wurff geb
en het fand ich ligen ſchlaffen Den nam ich bey dem har vnd legt im
den mund zů den knyeen auf den magen/ vñ gab im ſo vil ſchläg auf
ſein maul das es im plütten ward vnd das ich in halb fyr todt ligen
ließ/ Die künigin ſach das alles vnd ſprach mir zů/ Er tödt die tyer
die dich nit wöllen auff ſötzen/ In dem erfand der verſächer des kü
nigs das meine geſöllen mit gſchicklichayt wolten geflochen ſein/ vñ
in der gefänchnuß ain loch gemacht hetten vnd das ſy auß den eyſen
kumen waren/ Das fand er nit bey mir/ Vnd darumb das er weſte
das auch die künigin groß gefallē het ab meiner doretē weyß/ Wolt
er nicht übels an mir begon vñ wolt des erſten mit ir darvon reden
Als die künigin all ding het vernomen ſchätzet vnd vrtaylt mich ab
er in ir ſelbſt kaynen thoren beſunder verninfftig ſein/ ſchicket nach
mir vñ ſchůf mich legen in ain wonig vnden bey dem palaſt/ die het
kayn tür aber nicht deſterminder het ich die eyſen fyr vnd fyr an den
füſſen. ⸿Capitel von der freyhayt diſer künigin

So bald die nacht nachnet kam die künigin mich haim zů ſůchen
mit ſechs iückfrawen/ Fyeng mich an ſtilliglich zů fragen/ des
ich ir antwurt gäb bekant mich kainen torn ſein aber nit vaſt weyß/

e iij

Des halben das ich mein gůt vatter land verlassen vn̄ mich in so vil angst vn̄ not begeben hāt/vn̄ das ich sy für ain weyße frawen hyelt nit wenig vn̄ das so sy mein angnom̄e torhayt erkant het/da fyeng sy an mir lieb koßen vn̄ schůff mir ain gůt bot nach irem syten/vn̄ schi cket mir gar gůt vnd gnůgsam essen vn̄ tryncken/ Den nachuolgen den tag schůff sy mir ayn bad zů machen nach irer gewonhayt myt vil wolschmeckendem ranch/vn̄ aller zeit mit fraintlichem erzaygen bey zwelff tagen. Fieng darnach an vn̄ sůchet mich haym alle abent drey oder fyer stund der nacht vn̄ bracht mir all mal mit ir gůt kref tigung vn̄ speyß/Wan sy zů mir eingieng růft sy mir/iunius tale in te iohan/Ist so vil ludwig kum her hastu hunger/so macht ich mich dan auff mein fůß vnd gieng zů ir allain in dem hembd/Aines mals sprach sy zů mir/Leis leis Camis foch/Ist so vil/Warumb hebstu nit yetz das hembd auff antwurt ich ir/Laseti anemas migenon delain/Ist/O fraw ich bin yetzund kain thor ich soll yetzund anderst gebaren/Sprach sy zů mir/Dualla ancarff in te habedeminte mige non in te maff diunta metalon/Gesprochen/bey got ich wayß wol das du nye kain tor gewesen bist besunder der verstandnest vnd baß kūnd est man den ich ye gsechen hab/vn̄ darmit ich irem willen ain beny gen that/Joch ich das hembd ab vn̄ hůb mir das von erschamkayt wegen fyr die scham vn̄ sy hielt mich also zwů stund lang vor ir ston mit mir reden sich mein an zů sechen zů ersetigen/Als wer ich gewe sen ir půlschaft vn̄ fyeng an zů seinfzen vn̄ klagen gegen got der ma sen/Lallain te stacal ade abiat metel samps inte stacalane asuet lal la ianabi iossane assiet villetane asuet ade tagel abiach in salla ade ragel iosane in salla o et binth mirlade/So vil gesprochen/O got du hast disen menschen weys beschaffen wie die sunn/warůb hast mein man vnd mich schwartz gemacht vnd gibst mir ain schwartzen sun nun wölt got das diser mensch mein man wer vn̄ das du wöltest das ich ain sun precht als diser mentsch ist/Vnd mit waynen redt sy diße wort vnd tetschlet mich stetigs mit iren henden an meinem leyb/Ver hyeß mir so bald ir her vnd soldan kem so wolt sy mir die eysen von den fůßen schaffen/Die ander nacht darnach kam die gedacht küni gin wider zů mir mit zwayen iunckfrawen vn̄ pracht mir aber vast wol zů essen/Vnd růfft mir/Tale linius/Ist kum her ludwig/Ane igian dech/Antwurt ich ir/Leis setti ane mochact nech fro/Das ist/ wiltu nun ludwig das ich zů dir gang vn̄ ain weyl bey dir sey da ant wurt ich nayn/Wan mir stond darauff wa ich der massen auß den

eysen kumen wer das man mir den kopff ab geschlagen het was mir
wol zů thon das ich in den eysen belib/Das morcket sy vnd sprach zů
mir let Caffane darchi alarazane/fürcht dir nit bey meinem haupt
ich will dich sycher halten/Jnte meyrich ane gatzella in sich ulle tegi
ain sich ulle galtzerana in sich/ist gesprochen/willtu nit das ich kum
so will ich dir schycken dise gatzilla tegia od gazerana/wölche du ha
ben wilt/das sprach sy allain darůb das sy selbst in der selben irer iun
ckfrawen klayder ainer kumen wolt vnd mit mir gemainschafft ha
ben/Das alles wolt ich nit verhengen/wan ich mir gedacht/So ich
söllich spil mit ir anfyeng/Vnd sy mich nach irem gefallen gehapt
Het sy mir geben gold vnd sylber pferd vnd diener vnd alles das ich
begert het/ vñ mir angehenckt etwan zechen verkaufft knecht/die ain
auff sechen auff mich gehapt vñ mich allerzeyt bewart vñ verhüt he
tent das ich nymer mer oder gar in langer zeyt nit het mögen entwey
chen auß dem land/wan so ich allain weysser gestalt vnd sunst alles
volck schwartz vnd ich auch vermert was in der stat vnd dem gantz
en land an allen bässen bestölt mich nit durch zů lassen/Also wa ich
ain mal het wöllen flyechen so wer ich meines lebens beraubt wordē
Oder aber ich het die eysen müssen tragen all die tag meines lebens/
Söllichs angesechen wolt ich ir nit zů willen werden/ vñ auch vmb
das ich got forcht söliche sünd mit ainer vngelaubigē frawen zů vol
bringen vñ die gantzē nacht klagt vñ wainet ich befalch mich got in
sein gnad darnach über drey tag kam der soldan da schicket die küni
gin zů stunden an nach mir/vñ ließ mit mir reden ir her wer kumen
vñ wolt ich bey ir beleyben so wolt sy mich ledig vñ vast reych mach=
ṅ/ da sprach ich das sy mir ain mal die gnad tet vñ mich mit willen
des soldans ledig auß den eysen machet/vñ wan ich mein gelüpt vol=
bracht het die ich got vnd machomet verhayssen het/So wolt ich dar
nach thon alles das ir will wer/Also schůff sy mich võ stunden an fyr
den soldan kumen der fragt mich wa ich hin gen wolt so ich der ey=
sen nit mer an den füssen het/Antwurt ich/iasidi habu nafis vna ma
sis meret masis vuellet masis ochu masis octa masis alla al nabi
intebes sidi inte Jati lacul ane abdec/So vil gesprochen/O Hert
ich hab nyt Vatter vnd hab nyt mutter/So hab ich kayn Weyb
noch Kynd noch auch nyt Schwester noch Brüder vnd hab allain
got vnd den Propheten/Vnd dich Fyrsten vnd Herren vnd ist es
deyn wyll das du myr gebest essen Vnd trynckēn an deynem Hoff/

c iiij

So will ich mein leben lang dein verkauffter knecht vnd dyener sein/
sollichs redt ich mit betryebter gestalt vnd waynenden augen vñ al-
les in gegenwürtigkayt der künigin/ die sprach zům soldan du wirst
got rechnüg geben võ disem menschen der on alle verschuldigüg die
eysen so lang an den füssen getragen hatt/Vñ versecht euch vor dem
zoren gottes/Da sprach der soldan/Nun dar dir sey die freyhayt ge-
schenckt vñ gang wa du wilt vñ schůf mir die eysen ab dē füssen zůton

Da knye-
get ich
für in nyder
vnd kyßet im
die füß Vnd
künigin küßt
ich die hand
Die nā mich
dar pey Vnd
sprach Nun
kum mit mir
du armer mē-
sch ich glaub
das du Bey
nach hunger
gestorben sey
est vñ fürt mich in ain kamer vnd küsset mich mer wan hundert mal
vnd bracht mir essen vnd trincken nach dem aller bösten/ ich vernam
auch tagenlich das die künigin mit dem soldan haymlich redet vñ in
badt das er mich ir schencken solt fyr iren aygen knecht/des ich mich
Von hertzen auff ain newes bekymert/Vnd sprach zů ir warlich so
will ich weder essen noch trincken allain ir wölt mir dann auch ver-
hayssen das ich frey sey/Da sprach sy/Seut mi iami inte maarfe sta
ti alla (So vil) Schweyg du thor du wayst nyt was dyr gott ver-
ordnet hat/Incane inte milic inte amirra/ Gesprochen wilt du wol
so wirst du ain her sein/da ich verstond was sy mir fyr ain herschaft
geben wolt/Da bat ich sy das sy mich vor zů krafft vñ mich ain we-
nig ließ zům leyb kumen nach so grosser mye angst vñ schrecken mein
blůt ließ wyder erkücken/Wye wol ich ander gedencken in meynem
hertzen het weder võ lieb vnd půlschafft reden/ Sprach sy zů mir/

ynalla inte calem milie ane taticullion beyt et degege et aman et sil
fil et cherfa e gromfili tosindi/Gesprochen/bey got du hast recht vn̄
ich will dir täglich geben hennen ayr vnd hener pfeffer zyment nege
lein vnd nuschat/Von so vil güttem trost ward ich erfrewt vnd als
sy mir auch verordnet vn̄ hielt mich bey zwaintzig tagen in irem pa
last/Vnd auff ainen morgen berüfft sy mich vn̄ sprach zů mir ob ich
mit ir in iren gemach wolt gon/Sprach ich ya vnd gieng mit ir dar
nach am wider keren erzaygt ich mich sam wer ich võ myede wegen
in ain kranckhayt eingefallen/Vnd thet im also geleych acht tag da
schicket sy zů mir alle tag vnd ließ mich haym suchen/Vn̄ auff ainen
morgen enbot ich ir wie ich ain gelüpt gethon het zů got vn̄ macho-
met vnd verhayssen haym zů suchen ainen hayligen mann zů Aden
võ wölchem man saget das er grosse zaychen thet vn̄ ich schwüre söl-
ches war sein/da mit ich mein fyrnemen möcht volstrecken/vnd mit
dem beredet ich sy das sy mir gelauben gab vn̄ was des zů friden das
ich wider kumen solt/Vn̄ gab mir ain kämeltyer vn̄ fünf vnd zwain
tzig seraphi gold/Des ich zů mal vast wol gemůt vnd frölich ward
Des andern tags saß ich auff mein kämeltyer rayt also acht tag biß
ich kam gen aden/Da suchet ich haym den selben iren hayligen/von
dem sy vil hyelten vmb das er lebet in keüschayt vnd armůt gleych ai
nes ainsidels leben fürt/Vnd in dyßen landen seind ir vil der selben
die doch die leüt größlich betryegent/Vn̄ als ich bey im gewesen waß
thet ich im geleych als ob ich gantz gesund wer worden von gebettes
willen dises mans/Vnd ließ der künigin schreyben wie das ich von
den genaden gotes vnd des hayligen mans gesund wer worden/Vn̄
nach dem mir got so vil gnad gethon het/Wolt ich zyechen vn̄ allent
halben besychtigen ir künigreych/Das thet ich vmb des willen das
allenthalben an disen enden lag das kryegs volck vnd ich mocht nit
von dannen zyechen bis über ain monet/Da redet ich haymlich mit
ainem hauptman aines schiffs/Vnd sagt im wie ich in india zyechen
vnd ob er mich mit im nemen wolt/Darumb wolt ich im lonen vnd
ain erbre schanckung thon/Da gab er mir antwurt ee malen vnd er
in India keme so wurd er vor berüren persia/Das was auch gantz
meines gefallens/Vnd also verzoch ich auff sein weg faren

⸿ Capitel võ Agi der stat in der fruchtparen arabia vn̄
von Aygatz vnd dem marckt da selbst/Vn̄ von Dante der stat.
Des nachuolgenden tags saß ich auff mein kämeltyer rayt also fünf

f

zechen meyl/ Kam ich in ain stat genant Agi ligt auff der ebne vnd vast volck reych/ Da wachsen vast vil dattel korn wie in vnsern landen/ hat auch vil fleysch aber nicht weinber/ hand grossen mangel an holtz ist ain vnburgerlich wesen da/ Die inwoner seind arabi nit vast reych/ Von dannen schyed ich mich vnd kam in ain andre stadt ain tagrayß ist genant Aygaz/ Ligt auff zwayen bergen/ Vnd zwischen den selben ain über hüpsches tal/ Darin ain hüpscher köckprun Im selben tal halt man marckt/ Darzu kumen die menschen võ bayden bergen/ Vnd wenig seind der selben merckt das nit kryeg da verbracht ward/ Auß der vrsach/ das die so da wonend auff dem berg gegen nider gang wöllen/ das die so gegen mittem tag wonend nit in en söllen geleych gelauben dem machomet vnd allen seinen gesöllen/ so glauben die andern allain dem machomet vñ dem aly/ vñ sprechen wye das die anderen hauptleyt falsch gewesen seyen/ Vnd vmb des willen ertöden sy an ainander als die hund/ wir wöllen wyder keren zum marckt/ Da selbst hin wirt gebracht vil pomwollen vnd seyden thüch vnd vast vil frucht vnd ander narung/ Es ligt auch auff yedem berg ain starck schloß/ Vñ als ich diße ding gesechen het schyed ich von dannen zwü tagrayß/ Vnd kam in ain andre stat gehayssen dante/ Vast starck zu oberst auff ain hochen berg gepawen nit arabiern bewonet vast arm wan das land darumb ist nit seer fruchtpar

C Capitel von Almacarana der stat in dem fruchtparen arabia/ Vnd von ir gnügsamigkayt

Von disem ort schyed ich mich vñ nam den weg zu ainer andern stadt zwü tagrayß võ dannen die wyrt gehayssen Almacarana ligt zu oberst auf ainem hochen berg/ Also das man syben meyl darzu von der ebne auff steygen oder reytten müß/ Den selben weg mögen nit mer als zwü person neben ainander volbringen/ Darüb das der weg so eng ist/ Vnd die stat ligt oben auff dem berg auff ainer schönen ebne/ Ist vast ain hüpsche vnd güte stat/ Bedunckt mich die vestest vnd sterckest st... ...die ich ye gesechen hab/ Vnd ist darin kayn mangel an wasser noch an speyß auch ain zystern darin die aller zeyt gnüg wasser geben möcht hundert tausent personen/ Der soldan helt allen seinen schatz in diser stat/ Wan von dannen ist sein vrsprung/ Es hält auch der soldan da selbst ayn grossen tayl des iars sein hoff vnd aine seiner weyber oder künigin in ainem schönen palast/ In diser stat mag man haben alle notturft vñ ist gar ain gesun der lufft da selbst/das volck darin ist mer weyßer farb dan praun oder schwartz/Vnd gelaublich sagt man das der soldan da mer goldes hab weder hundert kämelthyer tryegen das hab ich aber selbst nyt gesechen

¶ Capitel von der stat Reame von dem lufft da selb vñ des volckes sytten.

Nach dem ich die leyff der vor genäten stat erfaren het macht ich mich wider auff die strassen in ain andre stat ain tagrayß darvon gelegen genant Reame/Die in woner gemelter stat ist der mertayl schwartz volck/Seind yber groß kaufleyt/das land ist yberflüssig fruchtpar allain holtz mag man nit wol gehaben/In dysser stat seind bey zway tausent feür stetten/Auff der ainen seytten diser stat ist ayn fruchtpar berg/Darauff ayn yber starck vnd vestes schloß Man fyndt an denen enden Castron dero ich gesechen hab das ir schwantz allain gewegen hat fyer vñ fyertzig pfund habet nit horn vñ vmb ir grösse willen mögen sy nit wol gen/man fyndt auch da drauben ainer besundern art sein gantz weyß vnd haben kain körenlin in Aber so güt als ich sy nye geessen hab/So fyndt mann auch aller sort frucht vast volkumen/Vnd besunder gar auß der massen lyeplichen vñ gesunden lufft/Vñ ist war das ich in dissem land mit vil personen geredt hab/Die hundert vnd biß in hundert vñ fünff vñ zwayntzig iar alt gewesen seind vnd dannocht noch vast vermüglicher krafft/ Die klaydung der selben leyt ist mer nackend weder anderst/vñ doch die erbern vnd kaufleyt/Tragen hembder an/Die andern gemaines stands ain weyß thüchleyn oder pomwollin vmb den halß gewicklet auff ayn seytten hangen/Vnd durch alles arabia tragen die mann hörner auß ir selbs har gemacht/Vñ die frawen tragend hosen mit gesessen wye die schyffleyt auch von leynem oder pomwollin tüch.

¶ Capitel von der stat Sana in der fruchtparen arabia vnd von der störck vñ greylichayt des sins des selben künigs.

Darnach vnd ich weg rayt/Kam ich nach dreyen tagrayssen in ain stat mit namen Sana Ligt auff aynem vast hochen berg starck vñ vest/in der selben stat was der soldan wol mit achzyg tausent mannen acht monet lang der maynüg sy ein zü nemen vñ kund sy nye eroberen dann mit dedyngen/Dye maur von dysser stadt ist von erden gemacht zechen elen hoch vnd zwayntzyg elen dick.

f ij

Also das
nacht roß
neben ainan
der Darauf
gen mögen/
in disem land
darumb wa
chst aller hād
frucht für bin
dig gůtt/Es
seind auch da
rin vil gůter
prunnen wyrt
bewont von
ainem aygen
soldan d hett
diser zeyt zwelff sün/Under wölchen ainer genant machomet wyet
tend ist erbeyßt das volck tödtet vnd ißt von irem fleysch biß er ersätti
get wirt/sagten er were fyer elen lang vast ain wol gestalt man võ
leyb prauner farb/in dyser stat fyndt man vil der nundern spetzerey
Als die man in den appotegken braucht die in dem selben land wach
sen/Auch vil wein reben vnd hüpsch lust gärten so darumb seind/di
se stat hat bey fyer tausent feür stötten vnd hüpsche heüser erpawt
nach vnserm sitten.

¶ Capitel von Taesa von Zibit vnd damar den grossen
stötten in der fruchtparen arabia.

Als ich dise stat auch besechen het/Kam ich in ain stat die wirt
gehayssen Taesa/Drey tagrayß von sana gelegen/Ligt in ay
nem gepirg/Dise stat ist vast hüpsch vnd hab hafft võ allen klůgen
dingen vñ schöner arbayt vñ sunderlich distilieren vñ prennen sy da
auß/Das aller böst rosen wasser in grosser vile/das lob vñ der preyß
diser stat ist das sy ain gar alte stat ist/Und stat darin ain tempel ge
pawen wie sancta maria rotunda zů rom mit vil andern alten pale
sten vñ gepewen/es seind auch in diser stat vil treffenlicher kaufleut
beklaydt fast wie zů sana vñ der selben gestalt vñ frawen võ dannen
schied ich mich auch drey tagrayß daruon gelegen in ain andre stadt
Zibit gehayssen/Auch groß vnd gůt nit mer als ain halbe meyl vom

rotten mör gelegen/ Da ist überfluß von grossem gewerb von kauff=
manschafft/ Die auff dem rotten mör darkumbt/Alda wechst ain gro
sse sum zucker vnd ander güt frücht/ Dise stat ist gepawen auff ayn
ebne zwischen zwayen bergen vn̄ hat kayn maur vmb sich/die klayd
ung vn̄ farb dises volckes ist wie ich vor võ den nächsten gesagt hab
Von diser stat kam ich aber in ain stat ain tagrayß daruon gelegen
genant Damar bewont mit hayden/Vnd reychen kaufleüten ist ain
fruchtpar land darumb/Das leben vnd sitten dysses volckes ist wye
der andern vor gemelt.

Capitel von dem Soldan aller der obgemelten stet vnd warumb er Sechamir genant wirt.

Alle dise vor gemelten stöt/send vnderworffen dem soldan von
Aman/ist dem soldan der fruchtparen arabia wirt mit seinem
namen genant Sechamir vn̄ Sechio ist so vil geret alß haylig amir
fürst oder herr/Vnd auß der vrsach hayst man in haylig das er alle
sein tag kain mensch hat lassen tödten. Dan allain so er in kriegen ist
Vn̄ glaublichen mag ich reden das er zü der zeyt als ich mich befand
in süß eyßen hyelt/fünffzechen biß in sechzechen tausent menschen/de
nen gibt man alle tag zwen quattrin fyr ir speyß/Vnd laßt sy also in
den eysen sterben wan sy den tod verdyent hand/des geleychen so helt
er auch bey den sechzechen tausent verkauffter oder aygner knecht sch
wartzer farb/Denen gibt er allen speys.

Capitel von den mör katzen vnd von etlichen thyeren als leonen vnd andern den menschen gehässyg.

Nach etlichen tagen schyed ich mich võ dañen wider in die vor ge
melten stat Aden auff fünff tag võ diser gelegen auf halben weg
ongefarlich/Kam ich mit andern so mit mir ritten an ain über hefs
tig gepyrg/Auff dem selben sachen wir mer wan zechen tausent mör
katzen/Vnd bey den selben auch andre seltzame thyer als leon wölche
die menschen vast beschedigent wa sy mögen/Vn̄ auß der vrsach kan
man die selb straß nit wol zvechen oder wandlen/ Dann allayn mit
vil volcks auff das wenigest mit hundert person oder mer zü ainem
mal/Wir zugen dar über mit grosser sorg vnd forcht/vnd nit mit we
nigem iagen der gemelten tyer/ Dero wir gar vil ertödten mit vn=
sern handbogen mit schlingen werffen vnd mit den hunden die wir
mit vns fürten vnd söllicher massen kamen wir gelücklich vnd vnbe
schediget hyn yber/Also kam ich in die stat gen Aden/Vnd thet dem

f iij

geleych ſam wer ich faſt kranck/Vnd belib in dem tempel den gantzen tag/Des nachtes gieng ich ſuchen den patron des ſchiffs mitdem ich vor geret het/Machet ſo vil mit im das er mich haymlich in das ſchyff verbarg.

Ain Tractat von etlichen enden von Ethiopia.

Da ich nun alſo het beſichtiget die land vñ ſtdt in bayden arabia kam die zeyt/Das auch der patron des ſchiffs gegen ſyeglichem wind auff zoch ſeine ſegel/Vnd füren vnſern weg in perſia/Vñ da wyr zwen tag gefaren waren/Kam ain über groſſe fortuna an vns vnd warff vns mit gewalt ain ferren weg in ethiopia/Das iſt in der moren land vnd mit vns andre fünff vnd zwayntzig ſchyff geladen mit rubio iſt rot daraus man wullen thůch ferbt die iärlichen ain mal daſelbſt hyn kumen die wechſt in der fruchtparen arabia vñ mit faſt groſſer müye vnd arbayt für wir in ain porten bey ainer ſtat genant Zeyla Da beliben wir fünff tag warttent gůttes wetters.

Capitel von Zeyla ain ſtat in Ethiopia

Diſe ſtat Zeyla iſt groß vnd wirt über groß handel darin getriben/An groſſen tayl võ gold das dar kumpt/vñ über die maſſen vil menſchen die da in pryeſter iohans land in kryegen eroberdt vñ ſunſt geraubt vñ weg geſyert werden/die verkauft man da in alle land/in diſer ſtat iſt gar ain burgerlich weſen vñ gůte gerechtigkayt

Da iſt vil Fleyſch vnd koren vñ and getrayd vnd in ſunders vil öl wirt mit aus ölberen gemacht aber võ den zetzalino ayner frucht bey in alſo genandt von honig alda ſeynd Caſtron habent ſchwentz vye

oie wegen fünffzechen oder sechzechen pfund kopff vnd halß ist schwartz an ir vn das ander alles weyß es send auch da ainer ander gestalt Castron gantz weyß hond schwentz ayner elen lang gekrympt wie ayn weynreb vnd hand gehyrnen wie ain styer ir geschröt hanget in bey nach biß auf die erden/ ich sach auch an disen orten ain besundre art der eye habend hörner wie bey vnß die hyrschen/ vnd send wilde tyer welche geschenckt wurden dem soldan diser stat/ich sach auch da and eye haben nit mer als ain horn vorne an der stiren anderhalben spann lang da o selb horen zeücht in mer hynder sich zum rugken weder fyr sich ir farb ist rot vn die andern ob gemelt seind schwartz in diser stat ist gut wonüg vn darin seind vil reycher kaufleyt die stat hat ain schwache maur vn böse porten sy ligt auf ebnem land/ir künig oder soldan ist ain machometan helt vil volcks zu roß vn füsen ir farb vn gestalt ist wol praun send fraydig leüt zu der wör Aber übel gewapnet/ire klaydung seind hembder/vn all der sect machometi.

Capitel Von Barbara ainer ynsel in etiopia vnd von iren in wonern.

Als vnser wind kam richt wir wider auff vnsre segel kamen in ain ynsel genant Barbara/ Der her diser ynsel mit all seinem volck seind machometan/ dyse ynsel ist gut aber klain vn wonet doch vmb ir fruchtbarkayt willen vil volckes darin/ Hat vast vil fleysch vnd der meren tayl reychtumb des selben volcks ist das vich/ sy seind den mertayl schwartz/ Alda beliben wir ainen tag vnd schyfften darnach gegen dem land persia. ¶Das buch von Persia

Capitel von Diuobandierrumi von Goa vn Giulnar den stötten vnd von der potten des mötes genant meschet in persia.

Als wir schifften zwelff tag/ Erraychten wir ain stat genant Diuobandierrumi/ so vil gesprochen/ Als die sälig porten der dürcken/ Dise stat nit ver gelegen von dem vesten erdtrych oder rechten land/ So das mör zu laufft so ist sy als in ainer ynsel vnd so es ab laufft mag man auch zu füsen in die stat kumen/ Dise stat ist vnder gewalt des soldans von Cambeya/ vnd ist in der stat ain hauptman den sy hayssen menacheaz wir beliben da zwen tag alda ist gar grosser handel vnd kauffmans gewerb vn sunderlichen von den türcken/ der o stetigs da ligen bey fyer hundert alle kaufleyt/ Sy ist vmb fangen myt ayner maur vnd vil geschütz darynn/ Vnd haben besundre schiff die nennen sy talac ain wenig klainer weder die fusti vō

f iiij

dannten schyed wir vns in ain andre stat drey tagrays darūo genant Goa/ In der selben stat ist auch groß hantyerūg vn̄ ain niderleg der kauffmanschafft ain Vayßre vnd gute stat von aller narūng/ Darnach kam wir aber in ain stat mit namen Giulfar/ Ain forder gute vnd mechtige stat hat ain schöne porten des mores/vn̄ in allen dreyen disen stötten halten sy den gelauben machometi/ vn̄ mit gutem wind kamen wir darnach gefaren in ainandre porten gehayssen Meschet.

¶ Capitel von der stat Ormus ain ynsel in persia Darin man grosse perlein vischet.

Zu verfolgen vnserm weg schieden wir von meschet vn̄ kamen in die edel stat ormus/über ander ain hypsche stat/Ligt in ain er ynsel vn̄ wirt gezölt fyr die obrest haupt stat des selbē mōrs/Ist vō vestem land bey zechen oder zwelff meyl/in diser ynsel fyndt man nit wasser noch narūng/Es wirt aber dargepzacht alle gnūgsame von dem land/Nachet drey tagrayß darvon vischet man die aller schönsten perleyn die in vnßre land kumen/In sollicher gestalt Es seind besunder vischer mit klaynen schyfleyn/Die werffen aynen grossen stain an ainem starcken strick hynein von der poppa/Des geleychen auch ainen von der broba daß das schiflein stil stand/Aynen andern strick werffen sy an den boden auch mit ainem stain daran in der miten des schifleins/Vnd ainer von dysen vischern nympt ayn gleyche des gewichtz an den halß vnd pindt im auch ain grossen stain an die füß laßt sich also fünffzechen schrit oder mer in das wasser/Vnd beleybt darunder biß er die muschlen fyndt darin die perlein seind/So er also etwas perleyn in der mutter fyndt nympt er die gewycht vnd laßt den stain den er an den füssen hat/Vnd kumpt wider in das schiflin an der vor gemelten strick ainen/In der gemelten stat stond aller zeyt bey drey hundert schiffen von allen landen vmb kaufmanschatz willen Der soldan diser stat ist machometz gelauben.

¶ Capitel von dem soldan zu ormus von greylichayt seines suns wider vatter vnd mutter vnd seine brüder.

In der zeyt als ich wandlet in disem land/Begab sich der soldan von ormus het aylff sün/Vnder denen der iungst ward fyr ain feltig geleych ainem halben thoren gehalten der ölter aber geschätzt fyr aynen gekettenden teyfel/Der gemelt soldan het auch auff erzogen zwen verkauft aygen knecht/Waren gewesen kynder etlicher cristen auß priester iohans land/Die het er so lieb als wären sy seine/sū

gewesen vmb ir redlych vnd manlich thatten die sy offt erzaygt het-
ten/hyelten etliche schloß in seines landes/ Nun der ölter sun des sol
dans vnder stond sich aynes nachtz ainer grausamen sach vñ brach
dem vatter vnd seiner muter die augen auß vnd allen seinen brüder
On allain dem iungen nit der fyr ain thoren gehalten ward

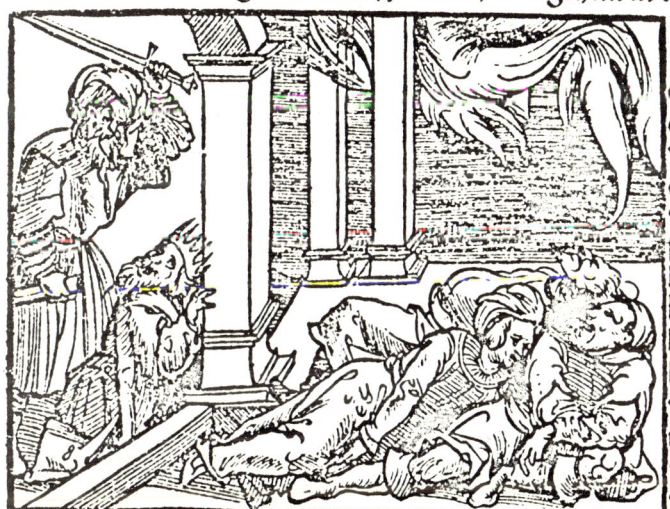

Vñ fürt
darna
ch die brüder
all zu vatter
vñ mutter in
ayn kamer/
vnd zunt ain
feür vnder sy
beschloß dye
kamer vñ ver
brant also al
le die darinn
waren/ Des
morgens ver
nam Mann
was geschech
en was vnd beweget sich die gantz stat zu rumor vnd auff rür/ Also
störckt er sich mechtigklich in dem palast vñ machet sich soldan mit
gewalt/Also der iünger sein brüder söllichs übel gehört hat was er
bannocht nit so gar ain thor als er geschetzt ward/vñ floch zu ainer
haydnischen kyrchen vñ schry mit lautter stym/ Iuialla o eu ane sei-
than ucha telabn ceulo euane/in teytsch/ o got mein brud ist ain teyf
el hat er tot mein vater muter vñ al mein brud vñ hat sy darnach ver
brent/in fünffzechen tagen ward die rumor in der stat zu frid gestilt
Da schicket der soldan nach ainem seines vatters verkaufften ayg-
nem knecht võ denen ich gesagt hab vñ sprach zu im/Tale inte mach
omero Antwurt er escult iasidi/was sagstu herr sprach er/an ne sold
an ich bin soldan antwurt im der verkauft vñ was genãt machomet
heu valla siri inte soldano/ Ich wayß bey got das du soldan bist/also
nam in der soldã bey der hand thet im vil zucht vñ er vñ sprach zu im
Roachatel zaibei annei ati arba o can sechala/ so vil/ Als gang hyn
vnd er schlag deynen gesöllen zu tod/ So gyb ich dir fünff Castell zu

g

lon vnd mach dich ain grossen herren/Antwurt im machomet Diasi di anuc iacul menau menseibi telet in sane voalla sidi ancassent/ Gesprochen O herr ich hab mit meinem gesöllen von iugent biß her gessen mit im gewont vn̄ gehandelt dreyssyg iar lang/Kan so vil hertzens nit gehaben zů volbringen ain söllich übel/Also sprach der soldan nim so laß es vnder wegen/Darnach über fyer tag schycket der soldan nach dem andern verkaufften genant Chayn/ vnd begeret an in wie an den ersten mit vil grossem verhayssen/das er solt todt schlachen seinen gesöllen/sprach er zům ersten/Erachman erachin iasidi nim hert das beschech im namen gotes vn̄ dein/vn̄ gyeng gleych hin vn̄ wapnet sich haymlich vn̄ kam zů seinem gesöllen den er wol west zů fynden/So bald in aber machomet an sach mörckt er seines gesollens verkert am gesicht vn̄ sprach zů im/O du verretter du kanst mir nit gelaugnen ich sich dirs an an deiner gestalt/ min dar ich wil zům ersten dich erwürgen/ Chayn als er mörckt das seyn bäß fyrnemen dem machomet ofenbar was da zoch er auß seinen degen vn̄ wai fin fyr die füß seines gesöllens/Enycet nid vor im auf seine knye vn̄ sprach o mein her verzeych mir wan ich den tod vmb dich wol verschuld hab gesölt es dir nym mein aygen waffen vn̄ ertöd mich/Wan ich bin zů dir kumen das ich dich hab wöllen erstechen/Antwurt im sein gesöll machomet wie wol ich reden mag dastu bist zů aynem verretter vnd mörder an mir worden/vn̄ wir nimmer dreyssig iar bey ainander gewonet geessen vn̄ drūcken haben vn̄ du mich yetz so scheutlich hast wellen ermörden/So stand dannocht auff du armer ich will dir verzeychen Sychstu nit das diser vnser soldan ain teyfel vn̄ nit ain mensch ist/In dem hab ich dein bäß fyrnemen gemörckt/wan es ist drey tag das ich dich solt haben ertödt ich wolt im aber nit verfolgen/wir wollens got ergeben thů du wie ich dir sag vn̄ gang zům soldā vn̄ sprich du habest mich ertöt da sprach er das wil ich geren ton. vn̄ gieng zům soldan forschet er in ob er die sach verbracht vn̄ in ertöt her antwurt im Chayn vn̄ sprach her ia bey got vn̄ machomet/da sprach der soldan kum her zů mir vn̄ als sich Chayn zů im nächnet/da fyeng in der soldan an sein brust vn̄ styeß ainen tegen in in Das er võ stunden an nider sanck vnd starb/Das alles ward der machomet gewar vn̄ wapnet sich haymlich vnd gieng in ayn kamer zům soldan/ Der sprach zů im/ Du hund vnd hunds sün lebstu noch/Antwurt machomet ia ich leb vnd das es dyr layd wer/Vnd ich wyll dych erwür gen wan

du bist vil bäser weder ain hund vnd bist der teyfel/Mit dem griffen
sy bayd zů den waffen wie wol sy bayd ain weil an ainander vmb tri
ben yedoch zů letst schlůg machomet den soldan zů tot vn störcket sich
in dem palast so vast er mocht/vn als im alles volck genaygt vn gin
stig was/Lyeffe alle mänig der stat zům palast/Vn schryen mit gro
ssem ruffen erlebt erlebt machomet vnser herr vnd soldan/Also belib
er soldan bey zwayntzig tagen/Da die vergangen waren schicket er
nach allen herren burgern vnd kaufleyten der stat/Vnd sprach zů in
Was er gethon hette/Des wer er bezwungen worden vnd wiste wol
das die herschaft vn das reych im võ rechten nit zů gehört/er begerte
vn bet aber alles volck das sy all des willig vn zů friden wölten seyn
vn den iůgen sun des soldans d̄ noch bey leben wer zů soldan mach
ten vn also ward der selb gemacht zů künig als auch beschach nicht de
sterminder regyert machomet das reych die stat vn das land so wol
das man saget ain fraindt gotes sein/Vnd mit aller mänigklich wil
len ward er gesötzt zů ainem gubernator der stat vnd des landes In
diser stat send gemainklichen ob fyerhůdert kaufleyt göst võ andern
landen/Die da kauffen seyden/perlein/edel gestain vnd ander köst
lich war die dar kumbt/Die gemain speys diser stat ist võ reyß wan
an den selben orten wechst kain korn.

Capitel võ Eri in Carozany in Persia vn seiner reycht
umb/Vnd von manigen sachen besunder von Reubarbaro.

So wir gesagt haben was sich verlauffen hat zů ormus auch võ
den gewonhayten vnd sytten der land/Hab ich weytter geschife
in persia zwelff tagrayß kamen wir in ain stat genant Eri gelegen
in dem land/Carozani/vn in diser stat wont der küng von Caroza
ni/hat das land vnd die stat groß gnůgsamigkayt võ reychtumb vn
gůttern den maysten tayl handels da selbst mit seyden/sollichs hauf
fens das man auff ain zeyt da sechen mag drey biß in fyer tausent ka
melthyer geladen mit seyden/Es kumpt auch in dysse stat der mayst
tayl reubarbaro den man sunst so in grosser mänig nit in der welt
fyndt/Also das ich selbst gesechen hab sechs pfund gůt reubarbaro
vmb ainen ducaten geben/Dise stat hat bey sechs oder syben tausent
feür stöten ist vast groß/die in woner send machometz glaubens vn
von dannen schyed ich mich zwaintzig tagrayß die rayt ich auff ve
stem erdtreych/Sach allenthalben vil dörffer vnd schlösser wol mit
volck bewonet.

⸿ Capitel von dem fluß Eufra den ich gelaub den fluß eu frattes sein.

Nach disen tagen kam ich zů ainem über grossen fluß wasser den die selben landt leyt nennen eufra/ Nach meinem bedunckē so gelaub vn̄ halt ich das es sey der fluß Eufrattes/ Zoch also drey tag rayß weytter auff dye gelüngkten hand gerychtz dem wasser nach/ Kam ich in ayn stadt genandt Schirazo hat ayn Herren fyr sych selbst ain persianern machometz gelauben/ In diser stat fyndt man fayl grosse sum edelgestain vil türckys vnd balaß Wie wol sy da nit gegraben oder funden/ So werden sy doch da selbst hyn bracht als man sagt von ainer stat hayßt Balachsam/ man fyndt auch fayl in diser stat vil der plawen köstlichen farb die man hayßt oltramarin auch tution vnd bisem vast vil/ Den selben pisem man in vnsern lan den gar selten gůt fyndt besunder er wirt gefelscht vnd verkert/ wan ich hab alda gesechen sein wircklichayt söllicher maß/ Auf ainem mor gen nyechter genomen ayn bysem belglin auff gethon drey oder fyer mannen zů schmöcken geben vnd halten fyr dye nasen/ Von stund en an werden sy in plütten/ die krafft soll er haben ist es anderst ain gerechter bysem/ ich forschet wie lang er also gůt belibe ward mir ge sagt von etlichen kaufleyten/ Wan er nit gefolscht wurde/ So belibe er also in seiner krafft zechen iar vnd etwas mer/ Ist gůt zů verston das der bysem so in vnsere land kumpt vast vermischt wirt/ Võ disen persianern vn̄ kaufleyten/ wan sy die bößlistigisten leyt der welt send Also ich in der stat etlich tag vmb gyeng alle ding zů beschawen mit verwunderung Ersach mich ain persianer kauffman/ Der het mich vor zwayen iaren zů mecha gesechen vnd nyt mir geredt der sprach mir zů vn̄ sagt/ Junes was thůstu da bistu nit der den ich vergang ner zeyt zů mecha gesechen hab/ Ich saget ya ich bin es ich zeych also vmb die land zů beschawen/ da antwurt er mir nū sey got gelobt daß ich gefunden hab ainen meines willens/ der da auch begert zů erkun den die welt/ diser persian was võ Eri gehayssen Cozazioner/ sprach lieber Junus zeych nit von mir wir wöllen ain gůtte tayl der welt be süchen/ Vnd also wurden wir der sachen mit ainander ains vnd beli ben zů schyrazo fünffzechen tag/ Darnach rycht wyr vnß auff den weg in fyrnemen zů zyechen in die stat Sambragante.

⸿ Capitel von der stat Sambragante die so groß ist als alkeyro vnd von der verfolgung des soffy

Von diser stat Sambragante sagendt die kaufleyt das sy so groß sey als alkeyro der künig võ der selben stat hålt machometz glauben/ es sagendt auch die kaufleüt das er hab biß in sechtzyg tausent man zů roß/ Sy send weyß leyt vñ wol geschickt volck/ vñ wir zůchen da selbst nit für bas/ wan der soffy zoch in den selben landen vmb verprant vñ verhört alles das er erraychen mocht/ Er hasset auch in sunders die da glaubten in bubacher otman vñ aumar/ die da seind gewesen mit gesöllen machometz/ Die erschlůg er all mit dem schwert vñ ertödet sy wa er sy an kam/ Wölche aber glaubten allain dem machomet vñ haly/ die ließ er gon vñ sichert sy des lebens/ Auch sprach zů mir mein gesöll kům her Jůnus/ Auff das du des gewiß vnd sicher seyst/ vñ du im grund erkennen mügest/ das ich dir wol vñ gůte gesölschaft laysten will/ So wil ich dir geben aine meines brůders tochter zů weyb genant Samis so vil gesprochen Sunn/ Söllicher nam was ir zů aynem zů namen geben võ irer grossen schöne wegen/ er sagt auch můmer/ Wiß das ich nit in die land wil zyechen vmb gebresten vñ mangel an gelt/ Sunder von lustes willen auß freyem můt zů sechen vil sachen der welt/ vñ also richt wir vnß auf die strassen vñ zůgen wider in die stat Eri/ Als wir in meynes gesöllen hauß eyn zůgen/ zaygt er mir võ stunden an die gemelt seins brůders tochter/ gegen der selben erzaygt ich mich wye ich sy zů nemen über dye massen wol zů fryden wer vnd vast ain gůtten willen zů ir hette/ Wie wol mein gemůt mit andern sachen bekymert was/ Jn der zeyt acht tag zůgen wyr wyder zů der stat Ormus/ Da selbst saß wir in ain schiff/ Kamen in ain porten an ainem ort in india was genant Cheo

¶ Das erst buch von Jndia.
¶ Capitel von Cambeia ain namhaffte stat in Jndia gelegen/ Vnd von andern dingen.

DA mit mein verhayssen im anfang gethon all ding die fyrnemsten vnd seltzamsten auf das kürtzest zů beschreyben nit vergessen werd vñ nit verdrieslich sey zů hören/ Will ich melden die wunder vñ bey vnß vngehört/ Die ich im eingang der land in india gesechen hab zů nåchst bey der porten ist ain über grosser fluß vñ wasser stram von dem landt volck gehayssen indo nit fert võ ainer stat mit namen Cambeia/ Ligt gegen myttem tag des gemelten fluß vnd drey meyl gelegen in vestem land/ es ist auch zů wissen das man in dise stat mit grossen noch mitlen schiffen nit gefaren mag/ Dann zů der zeyt so

g iij

die waſſer groß werden iſt ain fluß der in die ſtat ryndt Vn̄ wachſen̄ die waſſer drey oder fyer meyl weyt etwan ander maſſen wed bey vns wan dorten lauffen ſy zū ſo der mon neū wirt/Aber bey vns gemaingklich wan der mon volkumen iſt/Diſe ſtat iſt gemautt auf vnſern ſytten vaſt mechtig vnd reych von gūt vō koren vnd allen gūtten frūchten/vnd in diſer gegend fynd man acht oder neūnerlay der minder ſpecies/Oder appotegkerey Als da iſt ru bito galanga Spiconard/ Aſſa fetida/vn̄ lac mit andern vil dingen dero namen ich nit gedenck Man paut auch da ain über groſſe ſum pomwol/ Alſo das man alle iar fyertzig b:ß in fünffzig geladne ſchiff mit pomwoll vō dannen fyert/Auch vaſt vil ſeyden vn̄ gewand das ferbt man in andern landen/Man fyndt auch in dyſſem reych/Cambeia/Auff ſechs tagrayſ dar non an dem gebyrg dye Cornol vnd die berg von Caltzedonio/ Vn̄ auff neūn tagrayß vō Cambeia in aynem andren gebyrg fynde man dye dyemanten.

¶ Capitel von dem ſoldan vō Cambeia vnd ſeinem hoff halten/Vnd von der edlen ſtat.

Jetzund wöllen wir ſagen von dem ſoldan diſer edlen ſtat Cambeta vnd von ſeinem gebrauch vnd ſytten / Der iſt genant machanmith/Vn̄ iſt bey fyertzig iaren das er das reych empfangen hat von ainem künig von guzarati/Iſt ain beſunder volck die eſſen kaynerlay ding das plūt hat/So tödten ſy auch nichtz das leben hat/ſy ſeind nit hayden nit iuden noch criſten/vn̄ ich glaub wan ſy getaufft werent das ſy gar ſälig lleüt weren auß den wercken die ſy tond wan ſy halten das geſatz der natur alſo Das ſy nyemant nicht zū fyegent das ſy ſelbſt wöllen über haben ſein/Ir klaydung die ſy tragen ſeind hēmder vn̄ etlich gend gar blos on allain das ſy tücher tragen vmb die ſcham gewunden vn̄ nicht an armen noch füßen/Auf dem haupt tragen ſy pynden ain tayl rot ain tayl leber farb/vō dem ſelben volck hat diſer ſoldan das reych erobert auch ſolt ir vernemē das weſen vn̄ haltūg diß ſoldans machanmūth/Der iſt des machometiſchen gelaubens mit ſampt allem ſeinem volck/Er hält ſtetigs zū roß zwaintzig tauſent man/des morgens wan er auf ſtat ſo kumē zū ſeinem palaſt fünftzig helfant vn̄ auf ainē yegklichē kūpt geriten ain man/das beſchicht im zū eren ſunſt iſt nichtz mit ir geſchefft/Des geleychen ſo er auß dem pet auff geſtanden iſt vnd wan er zū tiſch ſytzt/So ſeind ent

gegen fünfftzig oder sechtzigerlay Instrument der musick als trū=
meten busaunen schweglen vnd pfeyffen mit vil andren seltzamen
der gleychen sachen

Auch dye gedach=
ten helffandt
mit dē erbie=
ten sy er vnd
reuerentz ir=
em künig/so
es sich begibt
wirt ich auch
sage võ dem
vernemen di
ser thyer/ der
Soldan hatt
auch vnd sei=
ner naßen so
lang har das
er sy zů samen knüpffe auff seinem haupt vnd ain weyssen pard: biß
auff die gürtel/Als ich in selbst gesechen hab/Vnd alle morgen ißt er
gyfft/vñ nit solt ir gedencken das im söllichs schaden bring oder das
er darvon auff geschwell wie wol er sein vil eynympt/sunders wan
er ainen seiner landt herren tödten will/So hayst er in fyr in kumen
vñ nacket auß zyechen/darnach so ißt er ain frucht genant Cophole
seind gestalt wie ain nuschatnus/Darzů auch von etlichen pletern
gestalt wie das laub von pomerantzen hayssend sy tamboli/Vñ dar
auff ainen kalck von schelffen gemacht auß ainer materi geleych der
ostergi die ding mit ainand gemischt wan er das gekeüt hat im můd
so speybt er das an disen menschen den ertöten will das der in ayner
halben stund nider felt auf die erden vñ stirbt/diser soldan helt auch
bey den fyr tausent frawen vnd schlaft alle nacht bey ainer des mor
gens fyndt man sy todt lygen/vnd alle morgens so er auff stadt wirt
das selb hembd nymer mer von kainer person angelegt/des gleychen
alle andre seine klayder vñ alle morgens legt er neüe klayder an/mein
gesöll forschet was das fyr ain wunderparlych ding wer das er also
gyfftig wer vñ also gyfft esse/da antwurt im ayn alter namhaffter

a iiij

kauffman wie das in sein vater võ iugent auf het lassen erndren mit
gifft/Also sey genüg gesagt von dem soldan. Die burger vnd inwo-
ner diser stat seind fast über die mas reych vnd geschickt kaufleyt/vñ
die fruchtparkayt disec lands mag man nit wol auß sprechen/da kü-
en vñ gond hyn weg zům dickern mal im iar biß in drey hůdert schiff
vnd naue von mer landen auß diser stat Cambeia vnd noch aine võ
der ich hernach sagen wird versicht vnd vergat sich das gantz Per-
sia/Tartarei Dürckey Syria/Vnd barbaria in affrica/Die fruche
par arabia Ethiopia vnd India/Vnd vil ander ynseln ayn grosse
mänig der land mit seyden vnd pomwollen gewand/Vnd dyser sol-
dan lebt in über grossem reychtumb/vñ kryegt mit ainem künig von
ioghe das selben land ligt fünffzechen tagrayß von Cambeia

¶ Capitel von dem leben vñ sytten des künigs võ ioghe

Diser soldan vnd künig von ioghe ist ain man von grosser her-
schafft/Hält etwas bey dreyssig tausent mannen/Ist ain hayd
en vnd alles sein volck aines besundern gelaubens/Vnd von den kü-
nigen vñ edlen/wirt er gehalten fyr haylig võ seines lebens vñ wan-
dels wegen/Das solt ir also verston/Der künig hat dye gewonhayt
zů gon aller zeyt über drey oder fyer iar ain mal wallen wie ain pylg-
eram auf ander leyt kosten vñ zerung mit drey oder fyer tausent ma-
nen der seinen mit weybern vñ mit kynden/vñ fyert mit im fyer oder
fünff pferd auch Cazen zibeti Mörkatzen Papigay Leopartten vñ
falcken/ vñ zeycht also durch alles india/seyn klaydung ist ayn gayß
haut fornen vnd ayne hynden das har herauß gekert/ Seynd dunck-
el praun leyt/Wan alda facht sich an das die menschen mer dunckel
praun dan weyß farb seind/vñ alle tragen sy perlein vnd edelgestain
hangen in den oren ayn yetlichs nach sey nem vermügen/ Anhayms
tragen sy hembder/Aber der künig etlich edel vñ die pösten/die gond
mit dem an gesicht mit den armen vñ dem gantzen leyb über seet mit
gemalem sandel vnd mit wol schmeckenden dingen/ etlich der selben
nemen in syr das sy nimer mer wöllen an kain hoche stat allain auf
der erden sitzen/ Das tond sy von andacht wegen/ so hand ir etlich
gelübt das sy nit auff dye erden sytzen/etlich das sy nymer auff recht
ston wöllen/So send ir vil die nymer reden wöllen/die gond dan mit
drey oder fyer gesöllen die in dyenen vñ sy versprechen/Gemainklich
tragen sy hörner an iren helsen/Wan sy in ayn stat ein zyechen/So
blasen sy all mit ainander vnd samlen da mit das almüsen/Vñ wan

der künig nit zeycht/So zyechen doch sy alle iar drey oder fyer hundert auff ain mal mit ainander wie bey vns die zygeyner/Sy beleyben gewonlich drey tag in ainer stat.

Ain tail von in tragen stecken mit rayffen von eysen Die da vmb sich schneydē als die scharsach vnd zyechen dye myt ainer schlingen so sy wōllen dye menschen belaydigen Vn wan dyse also in ain stat kumen so erpeüt man in groß gefallen Ob sy ioch ertöten ainen der mechtigesten der stat/so wurden sy dannocht nit darumb gestraft/wan manigklich halt sy fyr haylig/das land des selben volcks ist gepyrgig vnd nit vast fruchtpar haben mer mangel als überfluß der narung ir wonūgen send vast schnöd so haben sy kain gemaurte stat/vñ durch sy kumen vast vil edel gestain auß india in andre land Wan vmb ir freyhayt vnd hayligkayt wegen pringen sy das mit inen on alle kostūng das land halt sich starck in krieg wider den soldan machumuth/wan es an im selb ain starck gepyrgig vñ vest land ist

¶ Capitel von der stat Cewill vnd von den sytten vñ gedurstigkayt dises volcks.

Als schied ich mich võ der gemelten stat Cambeia/Kam in ain stat genant Cewill zwelf tagrayß võ der gemelten stat/vñ zwischen den zwayen stōten hayßt das land guzerat/Der künig von der stat ist ain hayden vnd das volck ist dunckel praüner farb/Etlich vnder in tragent hembder/vñ etlich gond gar nackend mit ainem tüch gepunden vmb die scham/Auß genomen etlich haydnisch kaufleüt/dises volcks waffen send schwerter rodellen hand bogen vñ waffen g̃ macht võ roten vñ võ holtz/ſy haben auch etlich püchſen vñ geſchütz diſe ſtat iſt vaſt wol vmb maurt vñ zwu meyl vom mör gelegen/hat vaſt ain hüpſch flyeſſend waſſer/Auff dem ſelben kumen vnd faren hut weg ain groſſe mänig der ſchiff/Das land iſt gůt vñ volkumen wan allain weinber wachſen nit da/Aber koren gerſten reyß vnd ander zentes wirt mit hauffen da geſamlet/Vñ man macht in diſer ſtat vaſt vil thůch von pomwoll/Von irem gelauben was ſy halten will ich diß mals nichtz nit ſchreyben wan ſy halten den gelauben wie der künig zů Calicut/Das will ich hernach beſchreyben/In dyſer ſtadt ſeind auß der maſſen vil haydniſch kaufleüt/Vnd wirt gůtte gerechtigkayt gehaltẽ/der luft facht da an vaſt warm zů ſein vñ der künig diſer ſtat hat oder vermag nit vaſt vil kriegs volck/die haymiſchen tyer im land ſeynd in groſſer vili roß ochſen vnd kye dero man in andern landen nit ſo vil hat.

¶ Capitel von Dabuli der ſtat in india

Da ich die ſtat Cenul geſehen het kam ich in ain andre ſtat zwu tagrayß darvon gelegen gehayſſen Dabuli auff ainem geſtat aines groſſen fluß/Iſt gemaurt nach vnſerm ſitten ain gůtte ſtadt/Vnd vil ain böſſer land vmb ſich/Seind auch vil haydniſch kaufleyt darin/Der künig diſer ſtat iſt ain hayd oder apgöttereyer/Ver mag bey dreyſſig tauſent ſtreytpar mann/Doch der ſytten vñ wör wie võ Cenul geret iſt/Der künig iſt ain veſter handt haber der gerechtigkayt/Das leben gelaub vnd klayder der menſchen wie zů Cenul.

¶ Capitel võ goga der ynſel in india vñ von irem künig

Weytter kam ich in ain ſtat vñ kam in ain ynſel von dem land ain meyl wegs gelegen genant Goga/Gibt tribut dem künig von dechan järlichen als vil als zechen tauſent ducaten/Wölche gold myntz die ſelben nennen Bardey/Seind klainer an der runde weder die ſeraphi zů Alkeyro/Aber ſy ſend dycker/Ir geprech vnd ſchlag darauff ſeind zwen teyfel/Vnd an dem andern ort etlich büchſtaben/In diſer ynſel iſt ain gemaurte befeſtigung nach vnſerm ſytten gepawen/Zů nächſt an dem mör/in der ſelben befeſtigung iſt zů zeytten ain hauptman genant ſavain/hält gemainklich bey fyer hundert mamalugken vnd er ſelb iſt auch ain mammalugk/Wan der gemelt hauptman ain weyſſen man gehaben mag dem thůt er groſſen vortal/Vnd gibt im auff das wenigeſt fünffzechen oder zwaintzig pardey ain monet/Vnd ee mal er in thůt in die geſelſchafft ſeiner rot

lichen leyt/laſt er im bringen zway wames vō leder gemacht/das ain fyr ſich ſelbſt/vn̄ das ander fyr den der den ſold begert als dan/Legt ain yeder ſein wames an beſynt dan der hauptman das er ſtarck mit ringen vnd ḋattig mit der wör iſt/So thūt er in zū ſeinen redlichen mānen/iſt das ſelb nit ſo brauchet er in zū ander rüſtig zūm ſtreyt diſer allain mit ſeinen mamalugken fūrt groß ſtreyt mit dem künig vō nar ſinga/vō wölchem ich mit d́ zeyt ſagen will ich machet mich auß diſer ſtat ſyben tagrays auf dem land in ain andr̄ ſtat genāt dechan

¶ Capitel von der ſchenen ſtat Dechan vn̄ von vil irer reychtumb vnd edelgeſtainen.

IN der ſtat dechan regyert ain künig des machometiſchen glaubens/Vn̄ den vor gemelten hauptman mit den andern mamalugken hält er an ſeine ſold/diſe ſtat iſt vaſt ſchön vn̄ fruchtpar/der künig da ſelbſt hält aller zeyt bey fünff vnd zwaintzig tauſent mānen an ſeinem ſold zū füſſen vnd zū roß/Vnd hat ain überhüpſchen palaſt darin In wölchem ee mal man zū des künigs kamer vnd wonung kumpt fyer vnd fyertzig kāmern ſeind/Diſe ſtat iſt gemaurt nach ſytten vnſer chriſtenlicher ſtet vnd vaſt hüpſche heüſer darinn der künig lebt in groſſem geprēg vn̄ hochfart/Seine diener tragen ſpitz an iren ſchüchen/die ſend gemainklich rot/daran gehenckt vnd darauf gemacht rubin dyemant vnd ander edel geſtain

Er ſelb en edlen Klaynet vyl Mer an den händen/ vnd hangen in den oren/ Wan in ſeinem reych Iſt ayn Gepürg darinne man fyndt die dyemāt ligt ayn meyl von dyſer ſtadt ringweys Vmb

h.ij

vñ vmb gemaurt/vñ wirt verhüt mit grossem ernst/dises künigreych hat gnügsame von allen dingen wie die vorgemelt stat/das volck ist machometz gelauben/ir klaydung ist seyden gewand oder yber hüpsche hembder vñ tragend an den füssen schüch oder knye stifelein vñ haben weyß hossen võ pomwollen thüchern/Auff den sitten der schif leyt/Vñ die weyber gond bedöckt mit dem angesicht wie zü damasco Darvon ich vor gesagt hab.

Capitel võ dem fleyß des künigs bey seiner ritterschafft.

Der gemelt künig von dechan fyert aller zeyt kryeg mit dem künig von narsinga/Vnd der mertayl seines kriegs volcks seind frembd vñ auß lender weyß leyt vñ das landt volck ist praun farb diser künig ist vast reych vñ mechtig/hält alle sein söldner gar herlichen auß mit grossem sold/des halben er die aller bösten kriegs leyt hat die nyendert in den landen seind/so hält er auch ain grosse sum kryeg schyff auff dem mör/vñ ist der cristen über grosser feynd/Also zochen wir võ dannen vnd kamen in ayn stat fünff tagrayß darvon gelegen genant Bathacala.

Capitel von Bathacala der stat in India vñ irer fruchtparkayt in vil dingen.

Bathacala ist ayn vast edle stat gemaurt vnd vast hüpsch ayn meyl auff dem land von dem mör gelegen/Hat ayn besundern künig/yedoch dem künig von narsinga vnderworffen/ dyse stat hat ain portten des möres/Wann das man ain klainen weg auff aynem flus in die stat fört/es ligen auch stettigs da vil haydnischer kaufleyt Wan es ain land vnd stat ist von grossem handel vnd niderleg/Der genant fluß laufft hin an der stat maur/In diser lantschafft wechßt in überfluß reyß vñ zucker ain grosser tayl zucker Candit/das alles nan wässert mit disem fluß aida facht sich an wachsen die feygen vñ nussen wie zü Calicut/diß volck alles seind ab götterer vñ des glaubens wie zü Calicut/Allayn die hayden nit die da leben nach dem gelauben machometi/Man hält in disem land kain roß maultyer noch esel/Aber kye pyffel schaff vnd gayssen seind vil da/Es wächst auch in disem land kain gersten noch zemes/aber ander frücht vil vñ vast güt/Als ich die stat besücht het macht ich mich hyn weg in ain andre genant Anzediua in der selben wont ayn besund volck send hayden/ Halten sich fyr edel/Dise ynsel ist von vestem land ayn halbe meyl/ Vnd hat bey zwaintzig meylen vmb sich vnd bässer lufft darin/auch

nit vast fruchtpar/yedoch hat sy ain gůt süß wasser zwischen der yn=
sel vnd des landes hat es gar ain gütte portten.
☞ Capitel von Centacula von Onor vn̄ Mangolor den
gůtten stöten in india.

Als wir wir fyrbas raysten auf ain tagrayß võ der gedachten
ynsel/Kamen wir in ain stat der namen waß Centacula/ Hat
ainen herren nit seer reych/Alda fynt man tye in grosser vili vil reyß
vnd ander gůt frücht wie sy wachsen in india/Es seind auch darin
vil haydnisch kauffleyt/Die in woner seynd prauner farb/ Sy gond
nackend vnd gschyecht/Tragen nichtz auff dem haupt/ Diser fyrst
ist vnder dem künig zů bathacula/Võ diser stat kamen wir in zway
tagen zů ayner stadt Onor gehayssen/ Der künig der selben stat ist
vnderworffen dem künig zů narsinga/Diser küng ist ain gůt man
vnd gůtter fraind mit dem künig von portugalia/Helt aller zeyt sy=
ben oder acht schiff auf dem mör mit kryegs volck/diß volcks gewon
hayt ist nackent zů gen allain ain thůch vmb die scham gepunden/ir
mayste speysung ist von reyß/So seynd auch da selbst vmb vil wild
er thyer wyld schwein hyrsch wolff vnd auch leon ain grosse mänig/
Des geleychen vögel vnder schydlich den vnsern pfawen vn̄ papiga
li auch kü vn̄ Castron rosen vn̄ ander plomen fynt man da über iar
Der lufft ist vast edel vn̄ gůt mag man ab nemen bey dem/Das die
menschen im selben land lenger leben weder bey vnß vnd an anderen
ortten/Nachent bey diser stat onor ist gelegen ainandre stat mit na
men Mangolor/In der selben werden bey weylen zů ainem mal ge=
laden fünfftzig oder sechtzig schiff mit reyß/Die in woner send gar
subtil hayden/Ir leben sytten vnd klayding wie vor stadt/Also fůr
wir auch võ dannen vn̄ kamen zů ainer ander stat genant cannonor

☞ Capitel von Cannonor ain grof mechtige stat in india

Cannonor ist gar ayn hüpsche grosse vnd volckreyche stadt/ In
wölcher d' künig võ portugalia diser zeyt ain vast starck schloß
innen hat/Der künig diser stat ist ain grosser fraynd des künigs võ
portugali/Vnd ist ayn warer edler künig/Dyse stat ist ain portt da
man ablet die saum roß so auß persia kumen/Vnd ist zů wyssen das
man fyr ain yedes roß zů zol bezalt fünff vn̄ zwayntzig ducaten dar
nach gond sy auff dem land gegen narsinga/In diser stat seind vast
vil haydnisch kauffleyt/da wāchst kain koren noch weintrauben auch
kaynerlay frucht den vnsern geleych/Wan allain zitroni vn̄ kürbis

h iii

die lant leyt da selbst essen nit prot sy essent aber reyß visch vñ nuß/ so es sich fyro begibt wöllen wir sagen võ irem glauben vñ sitten wan sy leben nach dem wesen zů calicut/ Alda facht sich an wachsen etlich specerey/ Als da ist pfeffer imber Cardomomi vnd mirabo klain vñ wenig Cassia/ Dise stat hat kain maur vmb sich/ die heüser send vast schlecht/ man fynt auch da vil võ manigerlay frücht anderst gestalt weder bey vns/ Vnd seind vil volkumner vnd bösser/ Hernach wird ich mer sagen võ den selben/ Dises land ist nit gůt zů bestreyten wan es ist alles vol graben fyr gewalt gemacht/ Der künig diser stat vermag in das feld fünfftzig tausent nacri seind bey inen edel leyt gehalten/ So die selben in krieg zyechen send sy gewon zů brauchen schwerer fast kürtz/ rodellen handbogen vnd lantzen/ Vnd yetzund haben sy auch etlich püchsen geschütz/ vñ gen doch nacket vñ gschyecht mit ainem thůch vmb sich vnd nicht auff dem haupt/ Wan so sy in krieg zyechen tragen sy thůcher vmb das haupt zway mal gewunden von rotter farb all also ayner gestalt/ Da braucht man weder roß noch maulthyer esel noch kämeltyer/ Sy gebrauchend sich der helffant ab er nit zům streyt/ Jch will hernach weytter darvon sagen was dyser küng vermag vnd was er wider die portugaleser gehandlet hat/ dise stat ist in grossem gewerb vnd handel vñ kumen alle iar bey zway hundert schiff da selbst hin võ manigerlay landen/ Als etlich tag vergangen waren namen wir vns fyr weytter zů rayssen gegen dem künigreych narsinga/ Zugen also fünffzechen tagrayß über land gegen dem auffgang kamen zů ainer stat genant/ Pisinagar

¶ Capitel der stat Bisinagar im künigreych narsinga

Die gemelt stat bisinagar ist des künigs võ Narsinga/ überflüßig groß vñ vast wol vmb maurt. An ainem ort mit pirgen vñ hat scheybs vmb sich syben meyl drey gemaurt zyrekel vñ vmb krayß Ist ain stat võ grosser hantyerung vñ kauffmanschatz/ Auch vast fruchtpar gůt geprauch vnd geschicklichayt der mentschen võ allen dingen/ vñ aines über gůten lufftes/ man mag auch da gehaben grossen lust von iagen vñ bayssen/ das mich bedückt das paradis da sein der künig diser stat ist vast mechtig vñ reych vñ glaubt mit allem seinem reych apgöterey/ Er halt stettigs an seynem hoff biß in fyertzig tausent man zů roß vñ gilt ain roß bey inen drey od fyer biß in fünff hundert pardey vñ etlich wardent kaufft vñ acht hundert pardey wan

die stůtten pferd gefallen nit in disem land/dan die künig vnd herren
der örter vn̄ porten des mörs/halten gar gestreng darob/Das man
nit stůtten pferd hinyber fyert/der gemelt künig hält allzeyt bey fyer
hundert helfand/ Vn̄ etwa vil trumetari die lauffen auß der massen
schnell/Vnd so ich vormals verhayssen hab zů sagen von der art vn̄
von dem verstand oder vernemen der helffand.

Solt ir wi
ssen zům
ersten wye sy
geciüst werdē
zům streydt/
Ain helffand
tregt auff im
ainen satel ge
stalt wye dye
maultyer ge
satlet werden
in dem künig
reych naples
vnde eng mit
zwayen eysen
ketten/ Auff
dem gemelten satel tregt er auff yeden ort ain grosse truchen võ holtz
vast starck/Vnd in yetliche truchen gond drey man/ vn̄ zwischen den
truchen vnd des helffands hals ayn holtz ayner halben spann dyck
zwischen dem selben vnd dem holtz sytzt ain man reytendt/Der redt
mit dem helffand. das alles verstat das tyer vn̄ thůt das selb des ich
mich größlich verwunder/Vnd ich gelaub das kayn verstentlicher
thyer auff erden sey/Vn̄ also sitzen auff yetlichem helffand syben per
son seind angethon mit pantzern ire wör send spyeß handbogen vnd
rodellen/ sy wapnent auch die helfant mit harnesch vn̄ zům maysten
vmb den kopff vnd iren krumen schnabel/ vnd an den selben bynden
sy in ain schwert zwayer elen lang prayt wie aynes menschen hand
vn̄ der man der auf in sitzt rayten dē gepeüt im steştill gang fyr sych
kerumb vall in den stoß disen tů im nichtz mer vn̄ des gleychen/Das
alles verstat vn̄ tůt der helffant als wer er ain mensch/so sy aber et
wan verwunt od geprochen werden so mag sy nyemant nit gehalten

h iiij

Vnd zům mayſten werden ſy in flucht gekert mit feür/das in etwan entgegen gepracht wirt das ſy dan über all ander ding ſeer übel fürchten/ Jch gelaub auch das dyſſes das ſtörckeſt thyer vnder allen anderen thyeren der welt ſey/Vnd ich hab geſechen drey helffand ſtöllen an ain ſchif auß dem mör an das land zů zyechen beſchach zů Cannonor/da waren etlich haydniſch kaufleyt die wolten ain ſchiff an das land treyben nach dem ſytten in vnſern landen/ Da ward in angezaygt das ſy die naue oder das ſchyff walgten/ Da vornen mit der broba/ Darunder legten ſy drey höltzer/ Vnd an dem ort des mörs ſach ich die drey helffand ſich niderlaſſen auf die knye vn̄ mit den heüpter ruckten ſy das ſchiff gewaltigklich herauß an das land/Vn̄ alß etlich ſagen der helffant hab kain gelaych iſt wol war in der geſtalt/ Das ſy die nit haben ſo hoch ſton als die andern thyer/ Sy haben ſy aber nider wol bey der erden vnd oben in den gepyegen/ Es iſt auch das weyb vnder den helffanden vil ſtörcker vil fraydiger vnd hoch mütiger weder d̄ man/Vn̄ etliche vnder den weybern der ſelben tyer ſend mänig/ Sy ſend auch gröſer ir aines weder drey pyffel tyer ſend haben farb als die piffel vn̄ augen als die ſchwein ain langen ſchnabel vornen hin auß flayſchen vn̄ lang bis auff die erden/Mit dem ſo nympt er die ſpeys vnd das gedranck in den mund/Wan er hat ſein maul vnder dem halß geleych aynem ſturyon/ Jch hab in auch myt ſeinem ſchnabel mer mal ſechen ain quattrin auffheben von der erden Jch hab auch geſechen das er mit dem ſelben ſeinem ſchnabel gezogen hat ain aſt von ainem pom/ An wölchem vnſer fyer vnd zwayntzig man mit ainem ſayl zuchen/ Vnd mochten den aſt nit zů der erden pringen den zoch aber der helffand frey her dan in dreyen zügen/ Die zwen groſſen zen die man in vnſre land bryngt die ſtond inen in dem ober kew/ Seine oren ſeynd zwayer ſpannen lang auff alle ort vaſt brayt/ Seine ſchenckel ſeynd ſchyer in gleycher gröſſe vnden als oben vnden geſcheybt wie ain vaſt groſſes täller zů vnderſt vmb die füß hat fünff nägel von horen Sein ſchwantz iſt geleych aines pyffels ſchwantz bey dreyen ſpannen lang hat zů vnderſt wenig har daran/Vnd das weyb iſt klainer als der man/ Jch hab ir auch geriten die da hoch geweſen ſeind dreyzechen ſpann etlich ſeind auch fyerzechen vnd fünffzechen ſpann hoch/ Sein gang iſt vaſt ſtill vnd wölcher ir zů reyten nit gewont hat dem iſt es ayn vngenem thyer zů reytten Wan es macht dem menſchen ain verkerten magen/ Als wan man auff dem mör fört so etwan fortuna seind/Die iungen helffant gond ainen zeltenden gang geleych den maulthyeren vñ vast kurtzweylig darauff zů reyten/wan man darauf sitzen will so beügt der helffant ainen der hendern füß/vñ auff dem selben füß steygt man auff in ye doch so muß man ainem hilff ton hin auf zů steygen/sy werden auch geritten an kainem zom halfftern noch banden/besunder gend sy iren weg wie inen der auff in sitzt zů spricht

Capitel wie die helffand geperen

So der helffand will geperen so gedt er an ayn haymlich end in ain wasser oder mos da veraingen sy sich vnd geperen wie an dre thyer menlichs vnd weyplichs/Vnd ich hab gesechen in etlichen landen/Das es die aller köstlichest tracht ist die man gehaben mag ainem künig fyr zů tragen die nyeren von ainem helffant/die essent sy vnd in ain tayl landen gilt ain helffant fünfftzig ducaten vnd in etlichen andern landen/Tausent biß in zway tausent ducaten/Ich hab ir auch gesechen etlich helffant die da mer verstand vnd beschaydenhayt haben weder an etlichen orten die menschen hond.

Capitel võ dem künig võ Narsinga vñ seiner reychtům

Diser künig von Narsinga ist der reychest vñ mechtigest künig den ich nye gesechen noch hab hören nennen/vñ sagen seine bramini seind seine priester/Das er täglich güter gült hab auff zů heben zwelf tausent pardey/Fyert aller zeyt krieg mit etlichen haydnischen künigen/Vñ herren/Sein stat hat den namen narsinga darin er wonung hält/Ist gepawen wie mayland/Hat aber nit so gar eben land vmb sich/Vnd sein künigreych ligt vast wie naples oder venedig hat das mör zů bayder seytten/er gelaubt mit allem seinem volck vnd landen die apgötterey vnd bettet den teyfel an wie der künig zů Calicut/Als ir hernach hören wert/Vnd lebend wie die edlen ir klaydung ist/Die erbern tragent kurtze hembd vnd auff dem haubt ainen pund auff haydnischen sitten vñ nicht an den füßen/Das schlecht vnd gemain volck get gantz nackend/Auß genomen vmb die scham tragen sy thücher gewunden/der künig trägt ain paret von guldim thůch zwayer spannen hoch/Vñ in krieg so fyert er klayder mit pomwoll auß genect/Ob dem selben ain ander klayd mit guldin plomen vmb vñ vmb besörzt mit edlen gestaynen aller gleychen oder sort/sein roß ist köstlicher als etwan ain gůtte stat von wegen seynes gerayds das da gezyert ist mit so vil köstlichen klaynetern/vñ wan er spatzye ten oder sunst in geschefften reyt/So reytten aller zeyt mit im drey od̄ er fyer ander künig mit vil herren vn̄ knechten fünff oder sechs tausent pferd/Dar bey man mörcken vnd erkennen mag das er ist ain groß mechtiger künig/Sein mintz ist die bardey von den ich gesagt hab/So schlecht er auch etlich silber mintz genant tare vn̄ ander vō gold die man nent Fanon gelten zwaintzig ain pardeyo auch klaine silber mintz hayßt man Caß gelten sechzechen ainen tare vō silber/In dyßen landen mag man sycher wandlen allenthalb/Wan das man sich bewaren müß vor den leowen die auff die strassen lauffen/Von irer speyß wil ich yetzund nit sagen Will aber sölichs alles melden so ich schreyben wirt von Calicut/Wann es eben der geleychen in diser stat narsinga vnd den selben landen gehalten wirt/Dyßer künig ist ain vast grosser fraind der Christen/Besunder des künigs von portugalia/Wan er andrer christen nit vil kuntschafft hat/Vnd wa die portugaiier in seynen landen vnd stötten zu faren/So beschycht in groß er vnd frayntschafft/vnd als wir dyse edlen stat wol beschawt heten etwan vil tag da beliben waren Kortten wir vns wider gegen Cannonor beliben da selbst aber drey tag/namen nach mals vnßern weg über land/Vnd kamen in ain stat was genant Tormapatani.

Capitel von Tormapatani der stat in india Vnd von Pardarani vnd Capogato den stötten.

Tormapatani ist vō cannonor zwelf meyl ist nit vast reych ain meyl vom mör gelegen/Hat ain flyessent wasser nit groß vnd hat ain besundern herren/Das volck diser stat lebt arbaytseligklich vnd ir mayste narung seind die pom vn̄ nussen die wir hayssen indianisch nuß/Die selben essent sy mit aim wenig reyß/Sy hond aber vil holtz darauß man schiff macht/Des halben auch haydnisch kauffleyt da selbst hyn kunen/in diser stat wonend bey fünffzechen tausent hayden machomet ain/Vn̄ doch vnderworffen dem künig/Ich will auch nit weytter schreyben von irem leben vn̄ sytten byß ich schreyben wirt von Calicut/so sy auch des selben gelaubens send/In diser stat seind gar arme heüser ayn hauß auff ayn haben ducaten geschätzt/ Als ich euch weyter daruon sagen wirt/Da beliben wir zwen tag vn̄ zugen darnach weytter in ain stadt mit namen Pandarani ayn tag rayß von dyßer gelegen vnd vnderworffen dem künig von Calicut

gar ain schlechte stat/Vnd hat kain portten nit/Vnd gegen diser stat
uber ligt ain ede vnd vnfruchtpare ynsel da wont nyemant innen/di
ses volcks sytten vnd leben ist wie zů Calicut/wir schieden da võ dan
nen vnd kamen aber in ain stat genant Capogato auch vnder dem
künig von Calicut/Dise stat hat ain vast hüpschen palast nach dem
alten sitten gepawen/vnd ain klainen wasser fluß gegen mittem tag
ligt nit mer als vyer meyl von Calicut/Ist nychts darin wyrdig zů
beschreyben/Darumb wir nit lang darin beliben schyeden vns von
dannen vnd kamen in die aller edlest stat Calicut mit freüden/Vnd
wie ich byß her gespart hab zů schreyben/Võ dem leben/ Den sytten
Der gerechtygkayt Klaydung vnd dem gelauben so gebraucht vñ
gehalten wirt in den künigreychen landen vñ stötten Cauul/Dabul
Bathacala Onor Mangalor Cannonor Cucinco Catcolon Co-
lon vnd von narsinga/yetzund will ich euch sagen von dem künig
zů Calicut/Wan er wirt geachtet der fyr treffenlychest künig ob al
len andern künigen vñ genant samori so vil gesprochen der edel got
auff der erden.

Das ander buch das da sagt von india

Als wir nun bey nachend zů dem end in india/Vnd an das ort
in wölchem die mayst namhafftigkayt des landes india geleg
en ist kumen waren/Bedaucht mich gůt dem ersten püchlin ain end
zů geben vnd dem nachfolgenden ainen anfang zů machen/ vñ will
das fyr bringen ainem yetlichen tugentsamen leser von groß wyrdi
gen dingen schreyben vñ mein arbayt vnd myc auß taylen in die welt
so vil mir mein klaine geschickligkayt darzů gedyenen mag/ yedoch
mich vnderwerfen denen die mer land erfaren vñ gesechen heten/sol
lich mit mer erleytrung an das liecht bringen wurden/wan ich mich
bekenn disem werck nit gnůgsam sein/yedoch will ich die warhayt so
vil ich gehört vnd gesechen hab zů beschreyben nyt sparen/Vnd alle
ding auff das kürtzest sötzen.

¶ Capitel von der grofmechtigen stat Calicut in india.

Calicudt ist ayn stat auff vestem land gelegen/vnd das mör stoßt oder schlecht an etlichen orten an die heüser der stat/Vnd hat doch kain porte des möres/Aber nachendt bey ainer meyl hyn dann Gegen myttem tag/ Ist ayn fluß eng an der eynfardt des möres/ Hat nymmer als fünf oder sechs spann wasser/ Diser fluß taylt darnach Calicut mitten von ainander in zway tayl/ Vnd macht ayn gt osse mänig der stramen die daruõ flyessen/dise stat hat kain maur vmb sich Sy ist aber bey ainer meyl ongefarlich vast eng zŭ samen gepawen vñ außerthalb stond die heüser etwas weytter von ainander/ Zeücht sich also die stat mit irem begriff biß auff sechs meyl/ Aber die heüser darin seind vast schnöd/ das gemeür ist etwan aines mans hoch auf ainem roß den mertayl mit laub oder pletern võ ainem pom bedöckt Hond gar kain boden oder soler/ Auß der vrsach/ So bald man drey oder fyer spann in die erden gräbt/ So fyndt man wasser/ Des halben man nyt wol groß wonungen on merckhlychen kosten da machen kan/ Also das aines kaufmans oder fyrnemen mannes hauß fünffzechen bis in zwayntzig ducaten gilt/ vñ die heüser des gemainen volckes gilt etwan aynes ayn halben ducaten/ Etwan aynes ayn biß in zwen ducaten auff das mayst.

¶ Capitel võ dem küing von Calicut vñ von des volcks gaystlichayt/ Daselbst vnd irem gelauben.

Er künig von Calicut mit allem seynem volck in seynem land vnd küingreych ist ayn apgöttereyer/Vnd bettet den teyfel an wie ir vernemen wert/Sy bekennen vnd veriechen das ain got sey d beschaffen hab den hymel vnd dye erden vnd die gantzen welt/Vnd sprechen wan got wolte richten vnd vrtaylen ainen vnd den andern Vnd alle werck vnd übel der menschen rechen vnd straffen/Wer im kain frewd so er das gethon mag durch seinen knecht/Vnd darumb hab er vns disen gayst den teyfel gesant in dise welt vn im den gwalt gegeben zů richten vn zů vrtaylen/wölcher wol thů dem thů er auch wol/Vnd wer übel thů dem thů er auch übel/den selben nenen sy deü mo/vnd got nenen sy tamerani/Zů wissen das der künig zů Calicut die bildnuß des teyfels hält in seinem palast in ainem gepew wie ain Capell die da weyt ist zwen schryt auff alle fyer ort vnd dreyer schryt hoch mit ainer hültzen tür die alle durch schnite mit erhaben teyfele.

Vnd in mite diser capell ist ayn sessel darauff sytzt ain teyfel gegossen võ glogenspeyß vnd mettall/Hat ain kron auff dem kopff geleych wie ayn bäbstliche hoche kron mit dreyen kronē Hat fyer hörner auff dem kopff/Vnd fyer groß zen mit ainem vngestalten weyten offen maul/Die naß vnd augen greylichen an zů sehen/Seine hend gemacht geleych wie die haggen/Vnd die füß wie aines hanen füß/Alles so forchtsam gestalt das es erschrockenlich ist an zů sehen vn rings vmb dyse Capell ist das gemel alles teyfel/vn auf alle fyer ort sitzt ain teyfel auf ainem gestůl der da gemacht ist in ainem flamen feür/In den selben flamen ist ain grosse sūma der seelen aines sīt

i iij

gers vnd aines halben fyngers langk/Vnd der gemelt teyfel mit sey
ner gerechten hand helt ain seel in seynem maul/ vn̄ mit der andern
hand begreyfft er ain seel bey dem ander tayl den füssen/Vn̄ alle mor
gen kumen die bramini das send ire pfaffen/Vnd weschen den gemel
ten iren abgot mit wolschmeckendem wasser vn̄ berechen in mit wol
riechendem gerauch/So das beschechen ist betten sy in an/dan etlich
mal in der wochen machen sy im opffer sollichen weyß Sy hond ain
besundre tafel darzu geordnet gemacht wie ain altar bey dreyen span
nen hoch von der erden fyer spann weyt vnd fünff spannen lang die
zyeren sy mit rosen vnd plomen vnd andern wolschmeckenden ding-
en/ Darauff hond sy plüt von aynem hanen/Vnd angezynt kolen
in ainem sylbrin geschir mit vil rauch/Sy haben auch ain rauch faß
mit dem selben rechen sy allenthalben vmb vnd vmb den altar/Vnd
ain sylbrin glögklin das leytten sy gar offt/ Oder haben sy ain silbrin
messer darmit ertödten sy den hanen vn̄ nement das blüt von im das
tond sy etliche mal auf das feür/vn̄ dan mer malen nemen sy das vn̄
tond darmit etlich spring gleych denen so auf den fecht schülen fechtē
wöllen/Dreyben das also lang biß das das blüt auff dem feür alles
vergangen ist/Vnd aller zeyt prinnent dar bey etlich körtzen vō wa
chs/ Der priester der das opffer verbringen will thüt an die arm an
die hend vnd an die füß sylbrin hānt schüch vnd gepend mit vil glö-
gklein vnd scheleen/Die ain vast groß gethön geben/ Er trägt auch
an seinem hals ain pinden/Nit wayß ich war vō die selben gemacht
ist/Vnd so er also veolbracht hat dye opffrung/ So nympt er seyne
bayd hend vol koten get von dem gemelten altar hyndersich vn̄ sicht
fyr vnd fyr den altar an biß zū ainem pom darzū geordnet/vn̄ wirft
dan das koten über das haupt auß auff das höchst so er mag auf den
pom/Vnd darnach get er wider zū dem altar vnd hept alle ding dar
von auf/Also seltzamer weyß halten sy ire opffer irem apgot

¶ Capitel von dem essen des künigs zu Calicut vnd was
dar bey verbracht wirt.

So der künig von Calicut essen will praücht er die nachfolgend
en gewonhayt/Anfangs so nemen ir vyer der namhafftesten
pryester dye speyß so dem künig berayt ist/ Vnd fyr tragen dye dem
teyfel vnd betten in vor an sollycher gestalt/ Sy heben ire hend auff

biß sy über sein haupt kumen darnach zyechen sy die hend wider zu im beschlossen/ Und all zeyt dye demling hoch auff gereckt über sich/vn̄ heben im dan das essen fyr beleyben also lang bey im byß aynt mensch geessen mag ongefarlichen/Und darnach pringent sy die speys irem künig/Also vermaint er dem teyffel grosse er zu beweysen so er sich erzaygt das er mit essen well im sey dan das essen for fyr getragen worden dises essen ist in ainer hültzen schyssel/darin ligt ayn groß blat vō ainem pom auff dem selben ist dan die speyß des künigs/das ist reyß oder ander ding/Er ist auch auff der erden/Und stond der bramini etlich vor im drey oder fyer schrit weyt mit grosser reuerentz vnd eerbyetung nidergenaygt heben die hend fyr ire münd vnd den ruggen gebogen/vn̄ wie der künig redt so gethar doch ir kainer mit dem andern nicht reden/stond also mit grosser aufmörckung zu hören seine wort/wan dan der künig sein essen volbracht hat so nemen die gemelten pfaffen die über beliben speyß des künigs/tragen die in ainen hof vn̄ sitzen nider auf die erden schlachent drey malen die hend zu samen/ so bald kumpt ayn grosse manig schwartzer rappen die des gewant seind vnd essen die speys/Und disen rappen gethar bey dem leben nyemant nit layd gethon sy flyegen wa sy wöllen.

Capitel vō dē bramini das send die priester zu calicut.

Ungehörtte vnd frembde ding solt ir hören von dyssen bramini aren pfaffen zu Calicut vn̄ wissen das sy send die obersten ires gelaubens wie bey vns die pfaffen/So der künig ayn weyb nympt/So nimpt er auß inen den wirdigisten vnder in geacht vn̄ last in die ersten nacht schlaffen bey seinem gemachel/Das er ir die iunckfrawschafft nemen soll/So geleychsnet er sich gelaub aber felschlich/Wie er das werck nit geren thu der künig soll ainen andern nemen/So schenckt er im etwan fyer oder fünffhundert ducaten vmb sölliche arbayt zu volbringen die bey vns ongelt wol zu bekumen wer/Söliches beschicht allain dem künig zu besunder wirden vnd eren/Und sunst kainem seines künigreychs.

Capitel vō den edlen vnd was sunst von volck da ist

Die ersten der edlen zu Calicut die hayßt mann Bramini das seynd dye pfaffen ob gemelt hält mann für edel/ Dye anderen

t iiij

hayssen Naeri die als bey vnß die edlen gehalten send verpflicht wör
vñ schwerter zü tragen/wa sy auff den gassen gond vñ wa sy nit waf
fen trÿegen so wurden sy veracht vñ nit fyr edel angesechen/Die nen
ich kriegs leyt/Die driten die sy edel hayssen werden genant tua send
die hantwercker die werden bey inen vast wol gehalten Nach mals
seind gemain leyt hayssend mechoa das send die vischer/Die fünfften
hayssen sy poliari ist ayn übel volck das samlet den pfeffer den weyn
vñ die nuß die sechsten nenen sy hiraui die pawen vñ seen den reyß ge
acht wie bey vns die pauren die selben vnd die poliar gethürren den
naeri das ist den edlen oder soldneren noch den pfaffen bey fünfftzig
schritten nit genachnen sy werden dan von inen berüfft vn wandlen
aller zeyt an gesunderten orten vnd in den mösern/so sy aber in iren
geschefften gond zü den leyten schreyen sy mit lauter stym das sy meng
lich auff den strassen hören mag tond sy darumb das sy den pfaffen
vnd den soldnern vnangezaygt nit begegnend vnd wa sy das nit thä
ten vñ in dero ainer bekeme der sein frücht sechen oder kauffen wolt
so möchten sy in ertödten vnd hetten darumb nicht verschulde

Capitel von der klaydung des künigs vñ der künigin vnd auch der andern.

KLaydung des künigs der künigin vnd der andern allen gebor
ner des landes gend nackend vnd bloß aber geschyecht vnd tra
gen pomwolline thücher oder seydene vmb dye scham vnd ist in das
haupt bloß etlich kaufleyt hayden tragen hembder an biß zü der gyr
tel/Aber die edlen man vnd weyber lant leyt gond ploß/Die frawen
tragend lang har löck vnd essen nicht von flaysch on erlaubnuß irer
pfaffen das gemain volck ißt aber allerlay flaysch on allain kye fley
sch essen sy nit Besunder dye hiraua vnd poliar essen vysch gedruck
net an der sunnen Vnd ain frucht bey inen suriti genant.

Capitel von den lyechter die man vor dem künig vnd nachtes in seinem palast prennt.

JN dem
hauß des
künigs seynd
vil wonung-
en/ Jn wölch
en zechen od-
er zwelff ge
schirr von me
tall gemacht
seynd wie die
brünen in der
höch als ayn
mensch ist vn
ayn yetlychs
diser geschirr
hat drey örter
darin das öl zwir span hoch vo der erden zway in dem ersten ligent
pomwollen zachen vmb vñ vmb angezint ob demselben ist ainand ge
schirr etwas enger mit sölichen lyechtern zu oberst ist aber ain anders
noch klainer auch mit öll angezint wie die andern zway/ Der fuß vō
disem geschirr ist drey egket/Vnd an yetlichem egk gemacht mit erhab
ner arbayt drey teyfel vast scheytzlich an zu sehen/ Söllich hoff dye-
ner halten die lyechter allenthalbē in den gemächen des künigs palast
⁋Capitel so dē künig ain geborner fraind gestorben ist.
SO dem künig ain güter fraind gestorben ist/ vñ man den körpel
mit der leycht auf gericht hat/ So schyckt er auß zu allen den ob
ersten priestern seines reychs berüft sy zu kumen/ Er berüft auch vil
ander in vnd außer der stat/So die kumer seind/hält er also mit in-
en ain grosse wirtschafft drey tag/ Vnd das essen ist ayn gütten tayl
von reyß gekocht in vil weg/Auch hirschen vnd schweyne wyldpret/
nach den dreyen tagen gibt er ainem yeden priester drey fyer oder fünff
pardey/Darnach zeücht ain yeder den weg so er kumen ist.
⁋Capitel von der herlichayt die man helt nach des kü
nigs todt.
SO ain künig zu Calicut gestorben ist/Vnd verlaßt er sün brüd-
ers sün oder brüder die erben nit das künigreych/ Das reych be-
leybt seiner schwester sünen/Wa nit sün verhanden weren von den

schwestern/so beleybt künig der nächst fraind des künigs/vmb der vr sach willen das die bramini od pfaffen sy des künigs weyb deflozyert hond/des gleychen so der künig auß reyt beleybt ainer der selben pfaf fen die .veyl bey der künigin/dero etlich zwaintzig oder fyer vn̄ zwain tzig iar alt send/das wirt dem künig fyr ain er geacht/das er mit der künigin hauß hält vn̄ ir die zeyt lang pflegten tūt/vn̄ das angesechen so sagent sy das die schwester vn̄ der künig warlich geboren seyen auß ainem leyb/vn̄ minder zweyfel võ seiner schwester sun weder võ sein selbst sūn/der massen kumpt die erbschafft des reychs an seiner schwe ster sun/Weytter zū sagen/So der künig gestorben ist vnd nach sein em tot so scherend alle die in seinem reych send den part vn̄ das haupt Auß genomen etlich des hauptes vn̄ des partes lassen ain tayl des ha res vngeschoren nach dem willen der personen/Die fischer getürren auch in acht tagen kain fisch nit fachen/auch wan dem küng ain lie ber vn̄ angeborner fraynd stirbt/Wölche dan dem künig wol dienen wöllen die halten die selben weyß/Der künig nimptz auch an fyr ain andacht das ainer ain iar lang nit schlaft bey kainer frawen oder ab er das er kain betole essen wölle wölche gleych send den pletern võ me langole ainer frucht also genant dero sy gewont send stetigs zū essen inen geleych wie vns confect/Vnd sy essen die zūm maysten vmb des willen/das die selb frucht trefftigklichen raytzt zū vnkeüsch/sy essen auch darmit ain ander frucht die hayßt man Coffoli vn̄ iren pom ar e cha gleych ainem stain võ ainer datlen/vn̄ die frucht d̄ selben gestalt

¶ Capitel wie die edlē bey weylē verwechslē ire weyber

Die edlen man vn̄ kaufleyt halten die gewonhayt vnder inen al so das etwan zwen man gūt fraind send die payd weyber habē Spricht ainer gegen dem andern/Langal perganal menathon on do/So vil gesprochen/wir seyen lang zeyt mit ainander gūt fraynd gewesen/So antwurt der ander/Hognam perga menathon ondo/ Das ist ya ich bin lang zeyt dein gūtter fraynd gewesen/So spricht der wider/In patanga ciolli/Antwurt der/sagstu war das du mein gūter fraind bist/spricht der/Ho/Das ist ya antwurt er/Tamarani Bey got antwurt im sein fraind/Inpenna conda gnam penna cor tu/Gesprochen so wechslen wir vnsre weyber/vn̄ gib mir du die dein so gib ich dir die mein/spricht der ander/in pataga ciolli/sagstu daß in ernst sprycht er/Ho tamarani/Das ist ya bey got Antwurt im der ander/Biti bannio/So vil/Kum in meyn hauß/Vnd so sy also baym kumen rūfft er seiner frawen vnd spricht zū ir/penna in gaba

idocon dopoi/gesprochen/fraw kum her gang mit disem der ist dein
man/So spricht das weyb/Vnd ist gesprochen/warumb oder sagstu
war antwurt der man/Dognam patanga ciolli/Das ist ya ich sag
war so spricht die fraw/pergam anuo/es gefölt mir wol/gnam poi/
so gang ich vn̄ also get sy mit seinem gesöllen in sein hauß/so spricht
darnach sein fraind zů seynem weyb/das sy mit dem anderen gang/
das můß sy thon vnd söllicher massen verwechslen sy die weyber/die
kinder aber beleyben in aines yeden vatters hauß/vnd vnder der an-
dern schar der edlen vor genant/so helt ain fraw fünf sechs syben vn̄
bey weylen acht man/vn̄ ligt ainer ayn nacht bey ir die ander nacht
ain and/vn̄ also fyr vn̄ fyr/vn̄ wan aine ain kynd gepirt sagt sy das
kind ist diß vnd das ander dises mans/dem selben trem sagent gelau
ben sy vnd sein darmit zů friden. ⁋Capitel von der speys der
edlen vnd des gemaynen volcks zů Calicut.

Die gemelten edlen essen auff der erden auß schislen gemacht vō
glogkenspeys/vnd fyr die löffel prauchen sy ain plat vō ainem
pom essend stettigs reys vnd fisch gewirtz vn̄ früchte/die zway gesche
cht aber die pauren essen mit den henden auß den häfen/vnd so sy daß
reyß her auß nemen/heben sy die hend über den hafen/Vnd machend
kuglen daraus die schyeben sy dan in den mund.

⁋Capitel vō d' gerechtigkait die gehaltē wirt zů calicut

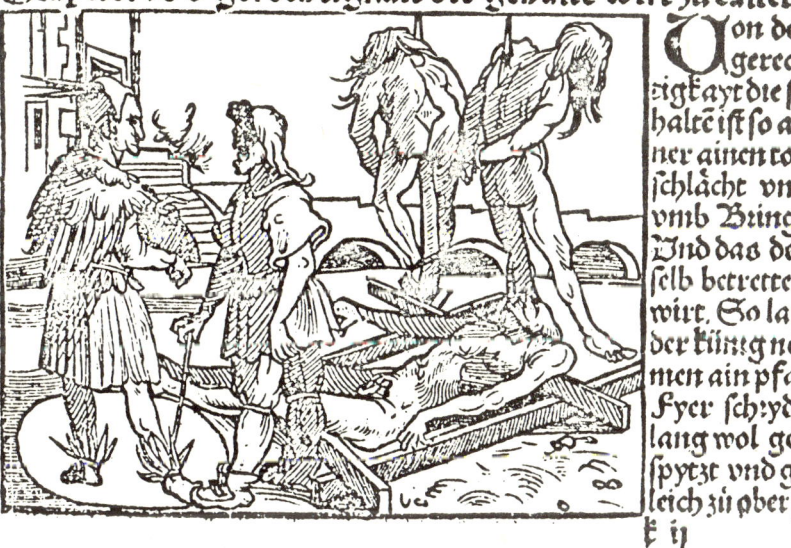

Von der gerech
tigkayt die sy
haltē ist so ai-
ner ainen tod
schlächt vnd
vmb Bringt
Vnd das der
selb betretten
wirt. So last
der künig ne-
men ain pfal
Fyer schryde
lang wol ge-
spytzt vnd ge
leich zů oberst
k ij

bey zwayen spannen laſt er legen zwen kolben kreütz weyß auff den gemelten pfal/darnach legt man dem todtſchlager das holtz auf mittel des ruggens/das durch dringt im dan den leyb vn̅ das er fölt auf das kreytz vnd darauff ſtirbt er/Diſe martter hayſſen ſy vncaluet/ Ob dan ainer den andern verwunt hette/So müß er gelt dar fyr geben nach geſtalt der ſach So aber ainer gelt von dem andern haben ſoll vnd im ſchuldig iſt/Anzaygt der kauffman aincherlay geſchufften von des künigs ſchreyber/Wölcher er mer wan hundert hält/So wirt gehalten ain ſöllich recht/Ich ſötz das mir ainer ſchuldig were fünff vnd zwaintzig ducaten die er mir zu bezalen verhayſſen vnd das nit gethon het/Vnd ich im nit lenger borgen will/ſo nym ich ain gren zwey vnd gang dem ſchuldner haymlich nach bis ich in betrit/ Vnd mach myt dem ſelben zwey ayn krays auff das erdtreych vnd vmb gib in darmit/Vnd wan ich in in dem krays begreyffen mag vnd ſprich zu im drey mal Bramini raza protho potle/ Iſt geſprochen/ Ich gepeüt dir bey dem haupt der pfaffen vnd des künigs das du von dannen nit weycheſt bis du mich bezalt haſt vnd mich benyegig machſt vmb alles das ich von dir haben ſoll/So müß er mich benyegig machen oder er ſtirbt darumb/Vnd bedarff kaines andern auff ſechers/Wan ſchyed er auß dem gemelten krayß vn̅ das er mich nit bezalt het/So ließ in der künig tödten on alle genad.

¶ Capitel wie die edlen ir gepet thond

Die edlen halten mit irem gepet diſe weyß/ſy gond des morgens zu guter zeyt/zu ainem teych mit waſſer iſt in ainer gruben dar auß da waſchen ſy ſich an allem irem leyb/vn̅ ſo ſy alſo geweſchē ſend ſo rüren ſy kain menſch nit an biß das ſy ir gebet volbringē das tond ſy in iren heüſern in ſöllicher geſtalte ſy ſtond auff dem erdtreych mit auff rechtem leyb ſtill ſchweygend vnd treybent teyfliſche aperat mit den augen vnd dem mund grauſſam zu ſechen/ Das weret byß auff ain fyertayl ainer ſtund/ Darnach ſo get er zu dem eſſen vnd er gethar nit eſſen dye ſpeyß ſey dan gekocht von den henden aynes edlen/ wan die weyber kochen nit dan fyr ſich was ſy ſelbſt eſſen wöllen/die frawē waſchen ſich auch vn̅ berechen ſich/vn̅ ſo oft der man mit dem weyb will zu ſchycken haben ſo waſcht ſy ſich vn̅ berecht ſych gar myt wolſchmöckenden dingen/Mit dem ſelben thond ſy aller zeyt groſſen fleyß das ſy ſich wolſchmöckend halten/vnd zyerend ſich mit vil edlen geſtainen perlein vnd klainetern/in den oren/An den henden Armen

vñ vmb die füß/besund die edlen vñ reychen yede nach irem vermygẽ
Capitel was sy in geprauch haben in iren kriegen vnd schlachten.

IN iren kriegen zü Calicut halten sy sölliche ordnung/ So sy kumen zü samen mit ainander zü fechten mit iren schwertern rodellen bogen vñ lantzen haben sy kain pferd/ Aber etlich helffant fyr die person des künigs/ Vnd haben pünden vmb die heübter von seyden dunckel rot/ Vnd der künig tregt ain sonnier an stat aines paners/ Geformiert wie ain faß boden auß laub gemacht võ ainem pom vñ gesteckt oben auff ain lang ror geordnet/ Das es auch dem künig die sunnen auff halten soll/ Vnd so also bayde hör zü samen kumen auff zwen armbrost schüß/ So schaft der künig mit den bramini das sy gangen in das hör seines feynds/ Die redent mit inen also/ das yetweder tayl hundert man außerwölen die zyechen ain ander entgegen auff mitel bayder völcker/ Vnd schlagend sich mit ain ander nit mer als zwen straych den ainen zům kopf den andern zům schencklen/ das treybend sy zü zeytten drey oder fyer tag/ Wan dan fünff oder sechs auff ainem tayl vmb kumen vnd todt geschlagen seind/ So springen bayder tayl bramini in die mitten zü inen vñ machend das yetweder tayl wider hynderstch zyechen můß zü seynem feld/ Von stunden an gend die bramini zü bayden parteyen vñ sprechen/ Mir manezar bamno/ antwurten die künig/ Matile/ so vil gesprochen wölt ir nit mer So sprechen die pfaffen nayn/ Vnd richten dan den kryeg vnd schaffen bayde hör wider keren/ Also ist ir kryeg hundert an hundert/ Der künig so er über land rayst/ So reyt er bey weylen ain helffant/ vnd etlich mal so tragen in seine edlen allerzeyt eylend als ob sy lauffen/ Es gond auch vmb vnd mit im man mit vil vnd manigerlay instrumenten saytten spilen vnd pfeyffen zům gesang/ So gibt er seynen naeri edlen vnd kriegs leytten yetlichem zü sold ayn monet so vil als fyer Carlin mögen sein/ Aber in kriegs leyffen ainem bey ainem halben ducaten/ Mit sollichem sold vnder halt er aller zeyt bey hundert tausent man zü füß/ Diß volck hat vast schwartz zen/ Vmb des willen das sy gewont seind stettigs zü essen pletter von ainem pom darzon ich vor gesagt hab/ so ainer der edlen gestorben ist den verprent man zü puluer mit grosser er vñ solemnitet/ vñ etlich ire güte fraind die samlen auff die äschen vnd behalten sy myt grosser wyrdygkayt/ Das gemain volck aber so sy sterben begräpt man etlich in iren heü

k iij

ſern ynerthalb der hauß thür/ Vnd etlych vor irem hauß aynen
tayl in ire gärtten wie ſy das verordnet hond/ Dye myntz der ſtadt
iſt geleych der geſtalt wye ir vor daruon vernomen habt zů Nar-
ſinga/ Zů der zeyt als ich mych befandt zů Calicut/ Sach ich da
wonen ain vaſt groſſe mänig von kaufleyten vñ frembdem volck vō
manigen künigreychen vnd landen/ Des ich mich verwundert vnd
begirig was zů vernemen von wannen ſo vil volcks da ſelbſt hin kä-
me/ Da ich forſchet ward mir geſagt wie ſy kämen vō Mecha bang-
hella ternaſſeri Pego Ciriomandel Zeila Sumatra von Colon vō
Ceicolon Bathacala Dabuli Cemli vñ von Cambeia von Guze-
rata Ormus auß perſia vnd bayden Arabia auß Syria Türgkya/
vnd vil auß Ethiopia vnd von Narſinga/Von allen diſen orten iſt
ain groſſe zal von kaufleyten zů Calicut/Wan das volck zů Calicut
treybt wenig kauffmanſchafft am aller mayſten die hayden macho-
metani/ dero biß in fünffzechen tauſent in der ſtat vñ in dem ſelben
land wonen/Vnd darin geborn ſeind/Vaſt alles kaufleyt,

⸿Capitel von der ſchiffung zů Calicut

Jch bedückt auch zymlich ſein zů ſagen wie da geprauchet wirt
die ſchiffung zů wölcher zeyt vnd wie ſy ire ſchiff machen

So iſt zů
wyſſen
das ſy die ma-
chen ongefär-
lichen vō fyer
oder fünfhū-
dert faſſen vñ
habē kain be-
döckung/ ma-
chen die vnd-
er tauel pret-
tern die ande-
ren ſtoppē ſy
kain werck en
zwyſchē wie
bey vns/ Sy

fyegends aber also wol zů samen das sy über auß wol wasser halten/
Vnd darnach rennen sy das bech außen daran/Vnd schlachen vast
vil eyssen nägel darein/ sy haben auch gůte holtz zů den schyffen vnd
mer weder mir in vnser landen/Etlicher ort die segel thůcher send võ
pomwoll vñ haben zů vnderst ain andre auß braytůg die werffen sy
auß zů fachen mer wind/vnd fyeren also zwů auß prayting/So vn-
re schiff nit mer als ainen hond ire ancker seynd stuck von marmel-
stayn acht spann lang vnd zwayer spann brayt auff all ort gepun-
den an zwen starck groß stryck das seynd ire ancker/Dye zeyt irer
schiffung ist auß persia biß an das ort gen Cumerin ist acht tagrayß
von Calicut auff dem mör gegen mittem tag vnd man mag das selb
mör schyffen acht monet im iar võ september byß zů auß gang des
abbrellen/Darnach võ dem anfang des mayen bis zů halben augst
Die andern zeyt můß man sych fyrsechen wann es gar groß fortuna
vnd geserlichayt auff dem mör hat/Es ist auch zů wissen das es ge-
maingklichen da selbst im Mayen Brachmonet Heümonet vnd im
Augusto regnet/vnd zů der selben zeyt sicht man wenig sunnen/aber
die andern acht monet regnet es nymmer nit/Am end des abbrellen
ist ir geprauch das sy võ calicut weg faren über das ort gen cumerin
vñ eingond in ayn andre schiffung/die ist sicher zů faren fyer monet
bringend die minder spetzerey/die namen der gemelten schyf/send et-
liche genant Sambuchi haben prayt pöden/Andre send gemacht wie
die schiff bey vns vor auß vnden die hayßen sy Capel/Etliche klaine
schiff nennen sy parao/Das seynd höltzer ayns von zechen schrytten
vnd võ ainem stuck gemacht zů den selben brauchen sy rüder von ro-
ren die segel pom auch gemacht von roren/Sunst ist noch ain andre
gating von klaine pargëtrlein oder schyflein genant/Almadia auch
gemachx von ainem stuck holtz/Noch ist ain schyf werck die gen mit
dem segel vnd mit den rüdern auch von ainem stuck gemacht/Ist ai-
nes zwelf oder dreyzechen schůch lang haben fornen ain engen mund
Also das nit zwen neben ain ander ston mügen vnd můß ainer nach
dem andern sten vnd seind scharpff zů bayden seytten die hayßen sy/
Chaturi die gond mit den remen oder mit dem wind lüfft vil schnel-
ler weder galia fusit oder bragantini thond/Die schyfleyt der selben
Chaturi seind den mertayl mör rauber/Die schyflein macht man ra-
chend des landes in ainer ynsel gehayssen porcai.

k iiiij

Capitel von dem palast des künigs zu Calicut

Der palast des künigs ist bey ayner meyl weyt vmbfangen/ vñ die mauren send vast nider wie ich vor darnon gesagt hab/ mit auß der massen hüpschen seylen von holtz darein geschniten erhaben teyfel/ Die estrich der gemach seind all geschlagen vnd gemacht mit kü kot an stat des pflaster/ vnd sein gemach etwas wert bey zway hundert ducaten/ vor hab ich euch gesagt die vrsach das man nit vil grosser oder schwerer gepew da machen mag so das wasser so nachent ist Aber die kostlichayt vnd reychtumb der klaynet die der künig an im trägt mag nyemant wol erschetzen/ Wie wol es da zu malen als ich zu Calicut was übel vmb das land stond/ Angesechen das im d’ krieg den er fürt mit dem künig von portugali hart ob lag vnd vil zu schcken gab/ vñ was auch seer beschwert mit der kranckhayt der frantzosen/ Nicht d'ster minder trüg er so vil klainet vnd edelgestain/ in den oren An den henden An armen/ vnd an füßen Das es ayn wunderperlich ding zu sechen was/ sein schatz als man warlichen saget was zway gewölb vol gegosner guldine zain vñ gestempfte gulden mintz sagten etlich bramini das sy hundert maultyer nit ertragen möchten welcher schatz gesamlet vñ verlassen worden sey võ zechen oder zwelf künigen vor disem zu dem gemainen nutz/ Er habe auch ain trüchlin dreyer spannen lang vnd ainer spannnen hoch vol kostlicher klainet perlein vnd edler gestayn aynen außpund/ von allerlay sort vnd geschlechten.

Capitel von der spetzerey die zu Calicut wechst

IN dem künigreych Calicut vnd auff dem land vmb dise stadt/ wechst der pfeffer mit grossem hauffen/ auch in der stat doch nit vil/ Sein stam ist geleych ainem weinstock als der ain mal gepflätzet ist nachent bey ainem andern pom/ Wan sunder den möcht er nit auffrecht ston/ Diser pom oder stock thuit wie gewont seind die hopffen/ vmbfacht sich vnd wechst über sich auff so hoch das holtz oder der pom darpey ist/ Die gemelt pflantzung macht ain grosse mänig der äst/ Wölche äst seind zwü oder drey spannen lang/ Das laub geleych dem laub der melangoli sy seind/ Aber vil bas drückner. vnd an dem andern ort send sy vol klainer ederlein/ Auff ainem yetlichen der selben estleyn wachsen fünft sechs oder acht zwey wenyg lenger als ain fynger/ daran stat der pfeffer wie klaine weinperlein/ Aber mer gefürt/ Seind gren wie der agrest oder vnzeyttige weynper/ vnd in dem monet october so lyßt man sy ab also gren/ Des geleychen thūt man auch in dem monet nouember/ Darnach so legt man sy an die sunnen auff andre döckin oder tischer/ laßt sy also ston drey oder fyer tag so wūt er schwartz der massen wie man in fūrt in vnsre land vn̄ tūt im sūnst kainer andren arbayt sy vmb pawen oder graben nichtz nit zū disem gewechs/ An disem ort wāchst auch imber fast schön/ est ain wurtzen in der erden. der fyn̄t man etlich von fyer von acht vnd zwelff ontzen/ So mann den fūß von der gedachten wurtzen auß grābt/ So ist er drey oder fyer spann lang wye dye rot/ Wan̄ das es sich auß prayt in zyncken/ So sy die graben hond schneyden sy ain aug daruon das sötzen sy in das loch darauß sy die wurtzen genom̄ en hond decken das zū mit dem selben erdtrich/ Vnd nach auß gang aines iars graben sy aber den imber vnd pflantzen in wie vor dar uon gesagt ist/ Dyße wurtz wechst zū berg vnd tal in rottem erdt trich/ Auch so wachsen da die mirabolain võ aller geleychen dero ge stalt ist vast wie die klainen piren/ Vn̄ tragen geleych wie der pfeffer

Capitel von etlichen früchten zū Calicut

Zū Calicut wāchst ayn frucht die nennen sy Graccara/ Seyn stam ist wie ain grosser pirenpom/ Vnd dye frucht ist zwayer vnd drythalber spannen lang/ So groß vmb sych als ain thyech ay nes mans/ Dise frucht wāchst in mittel des stams da sich die est an fachen auß zū taylen ist gren geformiert wie ain tanzapff/ So sy an facht zeytig werden wirt die rinden schwartz vnd gedunckt es seyen schlechen/ Man lißt oder nimpt sy ab in dem monet december/ Wan̄ man die ißt so seind sy geleych den gūten muscatel melonen oder wol zeytigen kütten pfersich/ Vnd so syeß als das werck von honig/ Vnd sein geschmack ist wie die pomerantzen/ in wendig der frucht hat es ain schelff wie in ainem margrant apffel/ Zwischen der selben ist ain andre frucht grosse körner/ Die selber gelegt auff ain glūt ist sy zū es sen wie die aller bösten kesten/ Vnd das nuch dise frucht bedeycht hat sein die lieplichest vnd baß geschmackest die ich ye geessen hab/ Ain an die frucht wāchst da dye hayssen sy Amba/ vnd seyn pom hayßt man ga auch gestalt wie ain piren paum/ Vnd trāgt wie ain piren pom die frucht wie bey vns ain nuß/ So sy zeytig wirt ist sy geleych ainem gallaß apffel liecht/ Vnd hat ain kern innen wie ain dürren mandel vnd gar vil bösser weder die pflomen zū damasco/ So sy zeytig werd en im monet augusto nimpt man sy ab vn̄ macht sy eyn wie bey vns die ölpör/vñ ist ain vast gůt essen/mer synt man da ain andre frucht geleych aynem mellon/ Hat auch dye adern wie die selben hond/So mann dye auffschneydt fyndt man darin drey oder fyer körner ge-leychend den weinbern oder schlechen/Send also saur/der pom von diser frucht ist in der höch wie die küttenpom seind vnd mit sollichem laub/sein frucht die nent man Corcapel vast gůt zů essen vnd vil bösser zů brauchen in ertzney/man fynt auch da ainandre frucht gleych bey vnß den nespelen ist aber weyß der selben namē ist mir vergessen Ayn andre frucht ist die ich gesechen hab wye kükümern an der farb zwayer spannen lang hat bey dreyen fynger dick gůt zů essen/ Seind vil bösser weder dye kürbis besunder gůt zů Confectyeren wachsen auff dem erdtreych wie die mellon vast lieplich zů essen die nent man Comolanga/ Mer wåchst da ayn frucht Malapolanda gehayssen vast wolgeschmack zů essen/Der pom ist etwan ains mans hoch on gefårlichen der macht fyer oder fünff pletter/Die send auch seine öst vnd ain yetlichs der selben pletter bedöcken ainen mann vor der sun-nen vnd vor dem regen/In der mitten des poms ist ain besunder ast der macht die blye wie ain ponen stengel thůt/ Darauß wirt die fru-cht ainer spann vñ ainer halben spannen langē nit vast dick/ etwan bis in zway hundert an dem selben mitlen stam das aine die ander ge-drang an ryerdt/ Dysse frucht brycht mann ab vnzeyttig vnd laßt sy erst in heüsern zeyttig werden/ Dysser frücht fyndt mann dreyer-lay sort dye erst genandt Ciancapalon/ Seyn farb ist ayn wenyg gelbechtig vast gůt zů essen vnd die rind subtil vnd thün/ Die ander hayßt man Cadelapalon/seind volkumner weder die ersten/Die drit-ten send nit gůt aber der obern gayder gleycher weys wie bey vns die feygen vnd die pom/ Diser frücht trågt nit mer als ain mal vñ dar-nach macht er kain frucht mer/Er hat aber bey fünfftzig oder sechtzig zweylein die schneydt man daruon vnd pflantzt sy so bringen sy ir frücht über ain iar wie vor/Von disen vnd vil andern früchten synt mann durch das gantz iar zeyttig frücht in grosser manig/Also das man ir etwan zwaintzig vmb ain quattrin gybt/ So hat man auch der geleychen aller zeyt durch das gantz iar plomen vñ rosen damit mer grossem wolschmack weder bey vns.

¶ Capitel von dem aller nutzlichisten pom so mann als ich gelaub auff erden fyndt.

Noch võ aynem andern gewechs vnd pom will ich euch sagen des geleychen/ Gelaub ich nytt in der welt gefunden werd Der wirt võ innen genãt Tonga/ seyn stam ist gleych dem dattel pom võ dem selben mag man nemen zechen nutzperkayt/ die erst ist/ Seyn holtz zů verprennen/ Nuß zů essen/ strick zů den schyffen dye man praucht auff dem mõ/ Subtile thůch wõlche so man die ferbt sich vergleychen der seyden/ Fast gůt kolen/ Ain gedranck dem weyn geleych/ Auch wasser ♃ Zucker/ Vnd von seinem laub vnd den plettern die ab fallen als wan ain ast pricht mit dem selben laub bedocken sy ire heüser die halten wasser fyr ain halb iar/ Sõllichs gelaubhafftig zů erkleren/ Soll man wissen/ das der pom nussen trãgt die wir bey vns die indianisch nuß hayssen/ Der trõgt ain pom hundert biß in zway hundert/ võ den selben thůt man die ausser rinden ist zů verprennen/ darnach bey der andern rind nimpt man ain gewechs wie pom woll oder flachs/ das verkauft man den maystern die das berayten kinden/ Vn die plomen oder schõnst woll praucht man zů machen thůch der seyden geleych/ Auß dem grõbern spynnen vnd machen sy groben faden vnd klain schnyer/ Vnd auß dem faden groß strick auff das mõr in den schyffen zů brauchen/ Von der andern rynd der gemelten nuß macht man auch fyr pindig gůt kolen gar lang wirig im feür/ Aber võ ainer andern rynd/ vn die nuß ist vast gůt zů essen dye dyckin des selben ist wie der klayn fynger in ainer hand in wendig hol/ vñ so sy anfacht zů wachsen so hebt auch inwẽdig an zů wachsen das wasser/

l ij

So dan die nuß volkumen wirt also das sy im keren voller wasser ist So hålt etliche nuß fyer oder fünf bächer wasser unten/das selb wasser samlet man vnd ist ain auß d' maßen gut gedranck vast süß vn geschmack wie das rosen wasser/Weyter so macht man auß dem keren diser nuß gut öll/Seind also syben nutzperkayt/Von ainem anderen ast dises poms den lassen sy nit nuß tragen/ Vnd schneydent in halb ab geben im ain besund behengmorgens vnd abents bestossen sy daß mit ainem messer vnd bestreychen die selben runtzlen mit ainem saft Der zeycht dan herauß ain andre feychte matery/ darunder setzen sy ain schissel vnd samlend sollichs darein namlich in ainem tag vñ ainer nacht auß ainem pom ainen halbe angsster vol ist bey ainer halben maß/So sy des vil haben thond sy das zu ainem feur vnd machen das von ainem von zwayen vnd vō dreyen feuren/Söllicher maßen/Das es geleych wirt gepräntem wein wan man darzu schmöckt steygt ainem d' gerauch in das haupt/ vñ ain wenig eingenomen halten sy fyr ain grosse kreftigung/das seib ist ir wein den sy in disen landen trinckend/Von ainem andern ast des selben poms pringt gleych der massen ain söllichen safft den kocht man beym feur vnd macht zu eker darauß er wirt aber nit vast gut/Der gemelt pom hat aller zeyt im iar frucht sy seyen gren oder dürr/Trägt biß in fünff iar vnd send ir vnzalich vil ob den zway hundert tausent im land die alle ire herren haben von irer nutzperkayt wegen/Wann dye künig der selben land krieg mit ain ander fyeren vñ ob ainer dem andern ain sun tod schliege/Das wurde villeychter vertragen/Wan so ainem etlich der selben pom ab gehawen wurde/Dise pom wachsen in sandigem ed trich vnd beleyben zwaintzig biß in fünff vnd zwaintzig iar gesund Man pflantzt auch dye gedachten pom von den nussen irer frucht/ Vnd ee malen sy ire gezwey her fyr bringen muß mann sy all nacht auff döcken/Da mit der mon vnd das gestirn darauf scheynen müg Des morgens döcken sy die w.der zu fyr die hytz der sunnen/Söllicher massen wachsen dise pom in den selben landen.

Capitel in welcher maß sy den reyß seen.

Das paur volck genant die hiraui so sy wöllen seen den reyß halten sy ain söliche gewonhayt/Zum ersten vmb prechen oder eckern sy das erdtreych mit den ochsen nach vnserm gebrauch.

Und der
selben
weylen zů sti
den an seen sy
dē reyß in daß
erdtrich/ Be
stöllen vnd be
solden darzů
alle instrum
ent von sayt
ten spil pfeyf
fen vn̄ gesang
So vil sy der
in der stat ge
haben migen
vnd machen
also frewd im feld allenthalben/ So sy seen so haben sy auch zechen
oder zwelff man beklaydt in forchtsame heßliche klayder mit verstel
ten angesichten wie die teyfel/ Die treybent seltzame weyß mit sampt
den spilleyten in mainūg das der teyfel sein hilff darzů thon soll/das
die frucht des selben reyß wol gerat.

℧Capitel vō dem geprauch der artzet die die krancken
haym sůchen.

So ain reycher kauffman oder ain edelman kranck vnd in ängst
en ligt/ Bestōlt man aber die spilleyt mit allerlay instrumenten
wie vor gesagt ist/Vnd mit sampt inen etlich mann in teyflische ver
kerung/ Dye tragen feür in den meülern in den händen vnd an den
fyessen zwen stössel von holtz von ainer spannen hoch/ vn̄ also gond
sy schreyen vnd pfeyffen myt den instrumenten haym zů sůchen dye
krancken/das ich warlichen glaub wa ain man nit kranck were/wan
er dise sich vn̄ tyer so grausamlich zů im kumē sech er wurd vor schre
cken auff die erden fallen/Vnd so sy von dem krancken vernemen vn̄
das sy bedunckt der mag sey im vol oder was im in wendyg gebrȳst/
So ist ir mayste ertzney das sy im geben etlich gestossen imber vnd
ayn schall vol etwas safft zů trincken/Vnd mit weniger vernunfft
weder das vich leben sy mit sollichen sachen.

iij

¶ Capitel von den bencken vnd wechslern zů Calicut vñ von kauffmans handlung.

Die wechsler vñ banckhalter zů Calicut haben gewicht vñ wåg klein das alles so klain nit ain halben vntz wigt aber so gerecht das sy ain har von ainem haupt auff ziechen/vnd wan sy wöllen ain cherlay gold wegen so haben sy die Carati/Vnd ayn vergleychung wie wir/Vnd so die vergleychung vol gold ist/ So haben sy ain kugel mit ainem sundern zů satz geleych dem wachs/Mit der selben so sy sechen wöllen ob das gold gůt sey oder bäß/ Nemen das parango oder vergleychung vnd thond das gold darvon hinweg sechen dann in der gemeiten kugel die feyni des goldes/ Vnd sprechen/ Jdu mani idi aga/ So vyl gesprochen das ist gůtt das ist bäß/Vnd wann darnach die kugel vol gold ist so zerlassen sy die vñ zyechen das gold darauß das in der vergleychung gewesen ist/vñ send der selben kunst vast subtil vnd gewiß/ Dye kaufleyt halten ayn sölliche gewonhayt wan sy wöllen kauffen oder verkauffen ir kaufmanschafft mit haufsen/ So verkauffen sy söllichs durch ainen Factor oder Lella ist ain en vnderkeyffel/Vñ wan sich der kauffer mit dem verkauffer nit vergeleychen will/ So stond sy all ryngs weyß zů samen vnd nympt der Cortor das ist der vnder keyffel ain leynin oder pom wollen thůch gelech ainer zwechel das sy pflegent zů tragen/Vnd mit der ainen hand hålt er die offentlich vnd mit der andern hand nimpt er des verkauffers rechte hand die zwen fynger bey dem domen vñ bedöckt mit dem thůch sein hand vnd des verkauffers hand/ Vnd hålt im dyse zwen fynger ainen an den andern facht an zů zelen võ ainem ducaten byß auff hundert oder tausent/darnach der kauff groß oder klain ist/das thůt er stilligklich on alles reden der maynung ich will so vil oder so vil haben/Vñ dan mit dem begreyffen der fynger verstond sy an ainander der suma vnd sprechen dan nayn oder ya/ Vnd der vnderkeffel gibt den selben antwurt nayn vnd ya/ Wann dan der Cortor verstanden hat dye willen des verkauffers/ so get er zů dem kauffer mit bē selben tůch nimbt im auch die hant in aller maß wie er mit dem verkauffer gethon hat/vnd mit dem begreyffen der fynger verstat er seinen willen/ Sollicher massen machen sy die keüff/ Jst der kauff vmb spetzerey/ So reden sy von bahar ist ayn gewycht vnd wygt drey der vnsern Cantari/ Jst aber der handel vmb thůch so reden sy von curia/ist so vil als zwaintzig/ Oder ob es zaya vnd edelgestain ist/ Des

gleychen wa es dan betrifft ain gatung minders gewichtz so sagen sy
vō faratola/ ist ain gewicht vō fünf vn̄ zwayntzig pfunde d vnsern
¶ Capitel wie die poliar vnd hiraua ire kind erzyechen
vnd ernōren.

Die weyber bayder geschlecht poliar vnd hiraui geben iren kindern zū segen bey drey monet lang/ Geben in darnach eye oder gayß myllich/ Vnd pflegend kaines wäschen leyb noch angesicht den kynden/ Wan sy die hond vol ein gefült/ So legen sy die in den sand vnd lassen sy also ligen von morgens biß auff den abent darin wōlzen sy sich vmb als arm Creaturen werden so schwartz das man nit wol erkennen kan ob es iung pissclein perlein oder kynder seind/ Vn̄ ist ain wunderparlich schyer zū achten ain teyflysche ernōuing von disem hündischen volck des abentz kumbt die müter wid vō ir arbayt vn̄ gibt im die speyß/ vn̄ also werden sy auff erze gen seind gemainglichen gūt springer vn̄ die schnellesten lauffer die ich ye gesechen hab

¶ Capitel von etlichen veglen vnd tyeren so da seind

Ir gesōlt auch euch zū sagen von etlichen vögeln vn̄ tyeren so man hat zū Calicut/ des send ain grossen tayl der leon/ Wild schwein gayß böck wolff püffel eye vnd gayß/ Auch helffandt wōlche aber nit da geberen/ Sunder von andern orten dar geptracht werden Vyl mōrkatzen zyechen da auß vnd thondt grossen schaden/ Besunder auff den nuß pomen von denen ich gesagt hab/ Da steygen sy auff vnd sauffen des saffres auß den schyßlen vnd zerwerffen die/ derselben mōrkatzen aine gylt bey inen fyer Casse das ist fyer quattrin/ So syndt man daselbst vmb wyld pfawen in grosser vile vnd über die mas vil papigali gren vnd rot von manigerlay seltzamen farben/ Vor denen man das reys allenthalb auff dem feld täglich verhüten müß/ wann sy den gar geren essen/ der selben vögel wirt wenig geacht also das man ainen vmb zwen quattrin gybt/ Es ist auch da ain andre sort von vögeln die nennen sy saru/ seind klainer als die papigali sy syngen aber bas weder die selben/ Vnd vil ander vögel send in der selben gegend vnder schidlich den vnsern die über die maß wol singen/ Alda send auch allenthalben vil lustiger lyeplicher vn̄ fruchtparer pom aller zeyt gren vnd myt früchten beladen/ Darynn dye gemelten Papigali vnd sōllych vōgel abentz vnnd ayn stund vor tag sōllych geschray vnd gesang volbryngen/ das aynen gedunken mōcht er were im Paradeys/ Es ist auch inn dysser gegend

k iiij

nimer nit kalt man wayßt auch da võ kainer költ nicht nit zů sa jen Des geleychen auch nit von über grosser hitz.

¶ Capitel von den schlangen die zů Calicut seind

In der gegend zů Calicut wonent etlich schlangen oder würm der grösse wie ain wild schwein/ Haben grössere haübter weder die selben/ Haben auch fyer fyeß vnd seind fyer elen lang/ Die wachsen in den mösern sagen dye landt leydt sy habendt kayn gyfft bey inen/ Sy seynd aber sunst bäße thyer vnd thönd den menschen vil vngemach an mit iren zenen/ Es seind auch da ander schlangen dreyerlay gestalt vast gifftig/ wie wenig sy ain menschen plůt rißt machen So vallen sy nider auff die erden vnd sterben/ Sölliches hat sich mer mal begeben in der weyl vnd ich da gewesen bin/ Also das diser schlangen aine in ain hauß kam des nachtes vnd bis im hauß neyr menschen die man des morgens alle geschwollen todt ligen fand/ Die ersten seind gestalt wie die blindschleychen Die andern genant scorzoni die dritten drey mal grösser weder die scorzoni/ Diser dreyerlay schlangen ist ain vast grosse mänig in dem land vnd in der stad/ Zů wissen so dem künig angezaygt wirt wa söliche forchtsam gewürm ir stete wonung haben/ So laßt er klaine hütlein dar über machen võ der wasser wegen/ Vnd wa ain mensch diser würm ainen todtschlieg vnd es der künig gewar wird/ von stunden an so ließ in der künig auch tödten on alle genad/ Des geleychen thåt er ainem der ain kü ertödtet/ Es sagen die landt leyt wie dise schlangen seyen gayst von got/ Dañ wa sy nit götlich gayst weren got hätte er in so grosse krafft nit verlichen das sy ain mensch so bald ertöten möchten/ Auß der vrsach send ir über die massen vil/ Wann die edlen yndert über land zyechen vnd begegnet inen aine diser schlangen/ Das achten sy fyr ain glücklich zaychen ye mer inen begegnen ye mer glück sy haben sollen.

¶ Capitel von ainer walfart so die selben völker thond vmb gnad vnd ablas willen.

Nit fert von Calicut ligt ain tempel enmitten in aynem wasser teych gepawen auff den alten sitten nit vast vngeleych der kyrchen sant Johans im prunnen zů rom/ Zů bayden seytten seülen/ In mittel des selben tempels ist ain altar von stayn gemacht/ Darauff mann die opffer verbryngt/ Vnd zwyschen yerlichen den seülen des vndern zyrckels stond klayne schyßleyn von stayn gehawen zwayer schrit lang gefült mit ainem öl das hayssen sy Enna,

Uͤnd gerynge vmb an dem gestat des wasser teychs stoͤnde gar vil poͤ alle ainer gestalt/ Daran hencken sy lyechter in amplen in soͤllicher maͤnig das es nit zů zelen ist/ des gleychen auch rings weys vmb disen tempel so vil angezynter amplen vnd lyechter vngelaüblich zů sagen/ Auf den fünf vn̄ zwaintzigisten tag im december so haͤlt man disex vest Also das alles das volck biß in fünfftzechen meyl wegs darüb gelegen pfaffen edel vn̄ paurs leyt kumen gemaingklich zů diser opfrůg/ zům ersten ee mal sy eingond zů volbungen das opfer so waͤschen sy sich all in dem gedachten teych/ darnach die fyrnemsten priester des küinigs steyget als reytent auf die gemelten schifflein darinen das oͤl ist/ vn̄ nach mals alles das volck get zů den pfaffen/ woͤlche at nem yeden das haupt salben von dem selben oͤll/ Darnach thond sy das opfer auff dem altar darzů geordnet/ vnd auff dem mittel des altars stat ain über grosser teyfel zů woͤlchem sy gond so vil ir dar kümen knyend fyr in nider vnd betten in an/ Nach dem so kert sich ain yeder wider darhin von dannen er kümen ist vn̄ ain yeder hab übel tat auff im was er woͤlle so hat er die selben zeyt sicherhayt vn̄ gelayt daselbst/ Vnd in warhayt so hab ich nye mer volck bey ainander gesechen/ Als an disem ort/ Vnd da ich zů mecha gewesen bin.

¶ Capitel von der mintz von dem gewicht vnd von der handlung was zů Calicut verkaufft wirt.

So ir nun vernomen habt gelegenhayt der land vnd stoͤt vnd vil ander wunderparlich sachen besunder was ich gehoͤrt vn̄ gesechen hab zů calicut/ Bedunckt mich nit vnbequem sein auch zei kloͤren

m

etwas von der/Handlung von der Müntz von dem Gewicht vnd in wölchem werd vey leyffyg die spetzerey vñ andre kauffmanschatz da selbst zů calicut gehalten wirt/ wan in diser stat ist die mayst vñ gröſſeſt hanttyerung in gantzem india/ vñ zům erſten zů ſagen von dem gewicht das gröſſeſt wirt gehayſſen Bachar iſt ſo vil geſprochen alß ain zentner vñ hat ain bachar fyer cantaro vñ ain bachar iſt zwaintzig faracolla vnd ayn faracolla hat vyer vnd zwayntzig Aratole vnd drey fyertal zů portugal/ Sölliche fyer vnd zwayntzig aratole ſeind zů venedig zway vnd dreyſſig klaine pfund/ Von der Müntz iſt ain faues alſo genant der gelten zwaintzig ain ducaten.

¶Ain C° muſcat nuß gylt faues 450 ¶Ain C° oder bachar Canell faues 390 ¶Ain Faratola drucken imber faues 6 ¶Ain Fartola ein gemacht imber faues 28 ¶Ain Bachar tamarindi faues 30 ¶Ain Bachar zerombero iſt ſchlecht zitwen faues 30 ¶Ain Bachar zitwan faues 40 ¶Ain bachar lacca faues 260 ¶Ain Bachar macis faues 430 ¶Ain Bachar pfeffer faues 360 ¶Ain Bachar lange pfeffer faues 400 ¶Ain Bachar ein gemacht mirabolein kebuli vñ andere in zucker faues 560 ¶Ain Bachar roten ſandel faues 180 ¶Ain Bachar briſili holtz faues 80 ¶Ain Bachar negelein faues 600 ¶Ain bachar weyſſen ſandel faues 200

Der nach volgt was die klain ſpetzerey gilt das ſeind die materialia in die ertzney gehörig die wigt man mit dem gewicht faratola wye das vor gemelt vnd ain zwayntzigiſter tayl aynes zentners oder Bachar iſt. ¶Gaufer ayn faratola vmb faues 160 Mirren ain faratola vmb faues 5 ¶Beltzin ayn faratola vmb faues 6 ¶Caſſia ain faratola vmb faues 2 ¶Ligno aloe ain faratola vmb faues 400 Reubarbaro ain faratola vmb faues 400 Oppio ain faratola vmb faues 400 ¶Spigonardo ain faratola vmb faues 800 ¶Ain gewicht byſſem gibt man vmb faues 420

In mitridale des ambra koſten zwelf faues ain ontz vnd ſechs mitricali iſt ain quart vnd ain mitrical iſt der dryttayl aynes lottes/ Ain baar wigt ſo vil als zwayntzig faratolis ayn faratolis fyer vnd zwayntzig aratole vnd drey fyertal von portugal vnd da ſelbſt thond fyer vnd zwayntzig aratole zway oder drey vnd dreyſſyg pfund klain gewicht.

Der nach volgt der kauff von der kauffmanſchafft die man auß andern landen bringt gen Calicut das iſt. Sylber ain ſaraco

la vmb fauee 154 ¶Kupfer ain saracala vmb faues 45 ¶Bley⸗
weyß ain saracola vmb faues 18 ¶Alon ain saracola vm faues 20
¶Rot Corállen ain saracola vmb faues 700 ¶weyß Corellen
ain saracola vmb faues 100 c ¶Basthart Corállen ain saracola
vmb faues 300

In almeno ist ain ander gewicht dann das portugalisch das
ist zwen arathe vnd drithalben das ist drey pfund Vnnd ayn
acht tayl minder vnd mer wan das venedisch klain gewicht bey dem
selben wigt man den saffran der gilt achtzig faues.

¶Capitel von wannen vnd auf welchen landen die spe⸗
tzerey gen Calicut gefyert wirt.

Vnd ist zu sagen von wölchen orten vnd steten die spetzerey vn̄
appotegkerey gen Calicut gefyert wirt/der pfeffer wie wol er
zū Calicut auch wöchst so kumpt seyn doch am maysten dar von ay⸗
nem end weytter hinnein in india fünfftzig meyl an dem mör geleg⸗
en das hayssen sy Corimūcol.
¶Canel oder zimet rind kumbt von Zaloni ist zway hundert vn̄ sech
tzig meyl weytter vnd sy wachsen sunst an kaynen andern orten.
¶Garofoli das seynd nägel kumende von Melūza ist von Calicut
weytter gelegen syber. hundert meyl vnd fyertzig meyl/Jmber wā⸗
chst zū Calicut aber man bryngt in auch dar von Cano nor zwelff
meyl nechner gen portugal vn̄ vō mer orte wirt erbracht gen calicut
¶Muscat nuß vnd macis kumbt von Melucha siben hundert meyl
von Calicut. ¶Muscio das ist bisem kumpt von ainem land hayse
Pego wye vor daruon gemelt ist fünff hundert meyl von dannen
¶Die grossen perleyn kumen von Ormus nächner bey vns gelegen
syben hundert meyl. ¶Spigo nardo vnd mirabolain kumend von
Cambeta sechs hundert meyl nechner gelegen.
¶Cassia wächst zū Calicut ist ain wolfayle gatung.
¶Weyrach kumpt von Seer nechner bey vns acht hundert meyl
¶Myrra wächst zū Faricko nechner zū vns syben hundert meyl
¶Ligno aloe Reubarbaro Canffer kumbt von kyni zway hundert
meyl von Calicut ¶Cardimom der grösser kumpt von Cononor
zwelff meyl nechner zū vns. ¶Langer pfeffer wächst zū Samoto.
¶Beltzin kumpt von Zana syben hundert meyl weytter

m ij

Tamerindi vnd Zitwan wåchſt zů Calicut. Laca kumpt võ ainem
land genant ſamatoto vo Calicut weyter gelegen fyer hůdert meyl.
Priſili kumpt von Darnaſſeri ſyben hundert meyl von Calicut.
Opio kumpt von aden wólches nechner iſt ſyben hundert meyl.

Vnd wie wol vil mer vnd andre gatung gen Calicut kumpt ſo
will es zů vil ſein zů beſchreyben/ich hab auff das kürtzeſt das
ſelb ain tayl angezaygt mit ſampt dem gewycht vnd der myntz vnd
will es darbey beleyben laſſen/ Vnd als ich ayn gůtte zeyt zů Calicut
geweſen was die vnd vil mer ſeltzamer ding erkūnt vnd geſechen het
Auch mein mit geſöll/Cognazenor willen het weg zů faren růſtet ich
mich auch mit im weytter zů ſchiffen im namen gottes.

Das drit buch von India

Capitel Von Laicolon der ſtat vn von der ſtat Colon

Als nun mein mit geſöll ſampt mir etwan lang zů Calicut beli
ben was vnd etlich ſein kauffmanſchatz ſo er mit im het mit ſei
nem nutz oder gefallen nit verkauffen kund/ Auß der vrſach das da
zů mal die leyff zů Calicut vaſt übel ſtonden.

Die ſtat vnd der handel zům tayl verdorben was/Von wegen des ſteten kryegs dē der künig het myt dem künig võ portugal/ darumb das dˉ künyg zů calicut verhengt het den haydē das ſy acht vn fyer tzig man portugaleſer zů tod geſchlagen hetten/ Des halben ſich der künig von portugali täglich an in begeret zů rechen/ im auch biß auf die ſelb zeyt groß volck auff dem mör vnd auff dem land erſchlagen/ Vnd im vil ſchaden gethon hett/Schied wir vns von dannen vn na

men vnsern weg auff aynem flyessenden wasser dem schönsten flus
den ich nye gesechen hab/Vnd kamen zů ainer stat genant/Ceicolon
fünffczig meyl von Calicut gelegen/Der künig der selben stat ist nit
vast reych/Sein leben sitten vnd gewonhayt ist wie zů Calicut/Vñ
kumend gar vil kaufleyt dar/Vmb des willen das da selbst vil pfef-
fer wächst gůt vnd volkumen/In diser stat fand ich etlich Christen
von sant thomas/dero etlich waren kaufleyt/Sagten wie aller zeyt
über drey iar briester kemen von babilonia vnd tauffentcn sy/Sy ge
lauben in cristo vñ halten die ostern aber ain lengre vasten weder wir
Sy sprechen ir meß wie die kriechen/Vnd haben all nur fyerlay na-
men als Johannes Jacobus Mathias vnd Thomas/Die frucht-
perkayt des landes vnd des luftes ist wie zů Calicut/Der künig hat
aber wenig landes vnd ist vnder dem künig zů Calicut/Als drey tag
vergangen waren schied wir vns von dannen in ayn stat genant co
lon zwaintzig meyl darvon/Der künig der selben stat ist vast mech-
tig/Hält aller zeyt an seinem hoff b:s in zwaintzig tausent mann zů
roß vnd vast vil bogenschützen vñ fůß volck/Fyert stettigklich krieg
mit andern künigen/Dise stat hat vast ain hüpsche portten an dem
mör/Vnd da selbst vmb wechst kain koren aber vil gůtter frücht wie
zů Calicut/Vnd vast vil pfeffer/Die gestalt farb siten vnd leben der
menschen/Dise stat ich geleych wie zů Calicut/vnd wie wol der selb
künig fraind was mit dem künig von portugal/So was er doch da
zů mal in grosser kriegs rüstung wider ander sein anstösser was mir
des halben nit kurtzweylig da zů wonen vnd machet mich mit mey-
nem gesöllen von dannen vnsern weg auff dem mör gegen ainer stat
gehaysscn Chayl ist auch des gemelten künigs/Lygt fünfftzig meyl
gegen Colon über/Da selbst sachen wir fischen die perleyn söllicher
massen wie ich vor zů Ormus gesehen het.

¶ Capitel von Zioromandel ainer stat in india.

Also füren wir auff dem mör fyr baß vnd landten zů bey ainer
stat genant Zioromandel/Ist ayn mör stat syben gemayn tag
rayß auf dem mör von Colon biß da selbst hin zů faren/Ist ain über
grosse stat vnd hat kain maur vmb sich vnderworffen dem künig zů
narsinga/Ligt gegen den ynsseln zů Zeylon/So mann über das ort
von Cumerin kumpt/In diser stat samlet man ain grosse sum reyß/
Sy ist auch ayn schlyssel vnd zů lendung gar vyl landes/Darumb
auch gar vil haydnisch kaufleyt stettigs da wonen/Alda wächst kain

spetzerey aber vil guter frücht wie zů Calicut/ Jch fand in diser stat aber etlich Christen/ Die sagten mir wie sant thomas leybhafftig lege nit mer als zwelf meyl von dannen in gewarsam vnd behüttung etlicher christen/ Sy sagten mir auch wie sy in dem selben land vmb nit mer beleyben oder leben möchten/ Nach dem vnd der künig von portugal kumen wer/ het er vil hayden todt geschlagen wölche landt leyt also ser vor den gedachten portugalesern erschrocken send vn̄ verjagt/ Das auch die armen Christen nit mer da wonen mögen/ Vnd das land da selbst vmb diser zeyt ain tayl gantz öd gelegt was ir vil auch haimlich getödt worden/ Mir saget auch der selben christen ainer ain groß wunder zaychen das im seyn vatter gelaubhafftyg gesagt vnd gesechen het/ Wie es were bey fünff vnd fyertzig iaren vergangen das die christen vnd hayden aynen auff lauff vnd schlachen mit ain ander gehapt hetten vnd auff bayd tayl vil mann wund geschlagen/ vnder wölchen cristen auch ainer gar hart verwunt ward in ainen arm/ der were gangen zů sant thomas grab das er mit dem verwunten arm berůrt het/ Von stunden an vnd an der selben stat wer er gesund worden/ Söllichs were auch dem künig von Narsinga fyr kumen/ Vnd von der selben zeyt herab der gedacht künig byß in seinen tod vnd auch yetzund sein nachkumen allen christen frauntschafft gethon vnd in genad bewisen/ Meyn mit geföll vertrib alda etlich seiner kauffmans war/ Vnd varumb das die land krieg hetten mit dem künig von Tarnasseri wolt wir lenger nit beleyben vnd bestalten mit andern kaufleytten ain schyff wölche genant werden Ciampane/ Die sind vnden weyt vnd brauchen wenig wasser vnd tragen vil gyetter/ Also fůren wir über ayn arm des mores fyertzechen oder fünffzechen meyl vnd hetten vast grosse geferlichayt/ Wan da ist das wasser in der darin vil grösser schrouen/ wan das wir mit gottes hilff zů lendten bey ainer ynsel genant Zaylon/ Wölche vmb sich hat bey tausent meylen als die in woner da selbst sagen.

¶ Capitel võ Zaylon d' ynsel da man vil edel gestain fynt

In diser ynsel Zailon send fyer künig all edel/ Vnd ich kan euch nit aller ding berichten was in diser ynsel ist/ wan die gedachten künig kriegten vast mit ainander das es sorgklich vnd nit gůt lang daselbst zů beleyben was auch nit zů ersůchen vn̄ zů besechen/ Alß mir

wol zů můt geweſen wer/Aber in den wenigen tagen die ich da belib
ſach ich ain vaſt groſſe ſum der helffand die da gefallendt/ So ſach
ich auch da ſůchen vnd fynden den edlen ſtain rubin bey ainem groſ
ſen perg zwů meyl vom mör gelegen/ Zů vnderſt an dem ſelben fynt
man die gemelten rubin. Vnd wan ain kauffman dar kumbt von di
ſer ſtain wegen ſo můß er handlen mit dem künig vn̄ von im kaufen
das erdtrich da ſelbſt nach der elen auff allen ort rings weyſz die ſelb
elen wirt genant molan/ Dem ſelben weytte erdtreych kaufft er vmb
ſo vil geltz als fünff ducaten iſt/ Dann ſo mag er da ſelb ein graben
yedoch ſo iſt aller zeyt ain man darpey von des künigs wegen

Vn̄ wa ar
ner ain
Edel geſtayn
fyndt Das/
an dem gewi
cht zechen ca
rat hatt oder
dar über/ So
nympt es der
künig fyr ſich
die andere̅ all
laſt er de̅ kauf
man frey vol
gen es wächſt
auch an ayn
em andere̅ ort
bey dem gemelten Berg nächſt in vnd bey aynem faſt groſſen flyeſ-
ſenden waſſer vil Granaten auch Sophyr Jacyneten vnd thopa
ci/ Diſe ynſel iſt vaſt fruchtpar vn̄ wächſt darin die aller böſten frü
cht die man fynden mag Tatto fali vil böſſer weder bey vns vnd ſüſz
melangoli vn̄ ander frücht wie zů calicut aber volkomner vn̄ böſſer

¶Capitel von dem pom da von man die Canell oder rer
lein nimpt.

Der pom daruon man die rörlein oder zymet rinden nympt ver
gleycht ſych vaſt dem lorper pom/ Wann das er gröſſre pletter hat vnd ayn frucht bryngt etwas klayner vnd weyſſer Weder
dye Lorper/ Dye gemeltten Rörleyn iſt dye Ryndēn von dyſſem

m iiij

pom die nennen sy daruon/Also das sy allmal über drey iar etlich est võ disem pom schneyden vnd schöllen die rinden daruon/Dem rechten stam tond sy nichtz nit/der selben pom ist ain mörcklyche sum bey in/ Es ist auch zu wissen das dye rörleyn so sy erst geschnytten werden die krafft vnd würcklichayt nit haben biß erst über ainen monet Uns saget ain haydnischer kaufman/Das zu oberst auff disem grosen gepirg were ain hülin zu wölcher ain mal im iar ain grosse schar des volcks im selbē land wallen gieng ir gepet alda zu folpringen vn mainten das adam da selbst oben gewonet het vn bußwertigkayt verbracht/man sehe auch noch sein fiß drit oben die weren zwayer spannen lang/ In dyßem land wachst kain reyß/ Sein wirt aber vil vom land dar gefyert/Und des halben send die künig dyser ynsel zinspar dem künig von narsinga/ Damit er in narung laß zů gon auß seynen landen/Alda ist über gütter lufft nit vast hayß vnd nit vast kalt Das volck ist etwan schwartz praun ire klayder von pomwollen vn seyden thüchen vn gond geschyecht/Dyß land ligt vnder der lyni des gestirens equinoctiale vnd seinen in woner seynd nit ser frayntlich leyt/ Sy brauchent kain geschütz aber schwerter vn lantzen gemacht auß langer roren/Das send ire kriegs wör/Als wir auf ainen abent in vnser schiff gyengen kam ainer von des künigs wegen zu meinem gesollen vnd sprach zu im/ Er sólt mit im kumen zu seinem künig vn seine Coralle vnd saffran mit im bringen dero er yetweders ain güte sum mit im het/das erhort ain kaufman der gemelten ynsel der sprach zu meynem myt gesöllen/ Gāt nit zům künig wann er wyrt euch euwer kauffmanschatz bezalen nach seinem willen/Das thát er auß boßhayt auff den syn das er nit zům künig kumen sollt/Wan er der selben gatüg vil het/ yedoch gab mein gesoll antwurt wie er den nächsten tag zu des künigs gnaden kumen wolte/vn des morgens namen wir ain schif vn furen mit gewalt der rüd võ diser ynsel an das land

Capitel von Pelcachet ainer stat in india

Da wir waren zu land kumē waßen wir drey tag gefaren vn kamen an ain ort genāt pelcachet ist vnderworfen dem künig võ Narsinga/Dise stat vnd land hat groß hanttierung von kaufmanschafft den maysten tayl von zaya/das ist von edlem gestain/ Wan da selbst hyn bringt man das von Zaylon vnd von Pego/Darumb so seund da gar vil haydnischer kaufleyt von aller gattung mit spezerey die sy von dannen ordnen in andre land/ Wyr kamen zu herberg eyn bey aintem kauffman dem sagten wir võ wannen wir kemen vn̄ was wir hetten zů verkauffen/ Das wer Corällen Saffran Gemu-syerten od͛ geblömbten samet vn̄ vil messer/Als er vernam das wir söllich kauffmanschafft pracht hetten da thet er vns vil zucht vnd eer auf diser stat ist gnůgsamigkayt võ allen dingen nach indianischem sytten wann das kayn koren da wächst/Aber genůg reys/ Ir seet ir leben sytten vnd gewonhayt hält sich alles gleych wie zů Calicut/vn̄ ist ain fraintlich volck/Hat kain geschütz/Als wir etlich tag da gewesen waren macht wir vns wider auff vnsern weg gegen Tarnasseri von dannen tausent meyl gelegen/die füren wir auf dem mör in fyerzechen tagen. ℂapitel von Tarnasseri der stat in india

Tarnasseri die stat ist gelegen nachent bey dem mör auf der ebne wol vmb maurt vnd hat ain gůte porten aines flus gegen dem tayl tramontana ist gegen auff gang/ Der künig dyßer stat ist vast mechtig vnd reych an landen leyten vnd gůt/ Vnd hat stettigs krieg mit dem künig von Narsinga vnd mit dem künig von Banghella vn̄ hat biß in hundert gewapneter helffant grösser wed ich sy nye gesechen hab/ Er helt auch allzeyt bey hundert tausent man an seinem sold zů fůß vn̄ zů roß ire waffen zům streyt send klaine schwertlein rodellen gemacht auß etlichen rinden/Vast vil handbogen vnd lantzen võ roten angethon mit pomwollen klaydern fast wol auß geneet an stat des harnesch/Die heüser in diser stat seind gemaurt bey nachent vnßers sitten/Da wächst gůt korn gůtte pomwoll ain grosse sům seyden vnd prisili holtz/Auch vil gůtter frücht honig syeß milloni Cucumeri vnd vil ander dero geleychen/Wan alda send über die massen vil hüpscher lust gärten seltzamer adelicher ding darein gepflantzet

ℂapitel von wilden vnd zamen thyeren zů Tarnasseri

In disem land vnd der stat Tarnasseri ist vast über flüssig gůte narung den menschen/Vnd dem vich da fyndt man ochsen kye schaff vnd gayssen in grosser zal/Auch wild schwein Hyrsch gemßen wolff katzen die zibeto pringen Leon vnd hasen vast vil/ so hat man da Falcken Habich Pfawen Weyß papigali vnd andern von syben farben vast hüpsch/Auch staren den vnsern nit gleych/Es send auch da rappen grösser als bey vns die pirg geyren/Vnd von dem obern tayl irer schnebel machendt sy hefft zů iren waffen ist gelb vnd rot vast hüpsch zů sechen/Ich sach auch da die grösten hennen vnd hanen die ich nye gesechen hab wunderperlicher farb vn̄ so groß als drey

n

der vnsern send/ In diser stat heten wir in wenig tagen gar vil kurtz weyl von den frembden dingen die wir sachen auff den straffen/ wir sachen auch der selben grossen hanen etlich mit ain ander kämpffen auff ain zeyt fünff stund lang/so grimigklich das sy auff das letscht bayd nider fallen vnd sturben/Söllicher kampff gilt bey weylen den herren vn kaufleyten der hanen fünfftzig oder hundert ducaten wölcher den andern über wint zeücht das gelt/ Die gayß die man hat in der selben stat seind vil grösser vnd hüpscher weder die vnsern bring end alle mal drey vnd fyer kützlein aines geperns/man gibt auch da zechen oder zwelf gut Castron fyr ain ducaten gelt/so hat man auch da Castron ainer andern gestalt mit hörner gleych dem elch tyer send vil grösser weder die vnsern die treyben auch gar ernstliche kämpff mit ainander/ Es seind auch da vil püffel bas gestalt vn grösser weder in ytalia/man mag auch da vil güter visch gehaben vast den vnsern gleych/So hab ich da gesechen ain ainige grät von ainem visch an gewicht zechen Canter schwer/ Der gebrauch vnd sitten der reychen essen allerlay fleysch on allain ku vnd ochsen fleysch essen sy nit/vn essen auff der erden on auff gebrayte thücher auß hültzin geschirren aber vast schön/ Ir getranck ist wasser vn zucker darein gesotten/ire bett seind güt hoch von der erden gemacht von pomwoll vnd die döcken von seyden oder pomwoll/ Ir klayding ist lang von ab geneeten thücher seyden oder pomwoll/die kaufleyt vnd edlen gend ain tayl in vast schönen hembdern vnd gemaingklich haben sy nichts an den füßen/wan allain die bramini ire pfaffen tragen baret auff iren heübtern von seyden oder schamlot zwayer spannen hoch/ Zu oberst auf dem selben ain ding geleych ainem krantz alles mit gold vmb wunden/ sy tragen auch zwen nestel vo seyden zwayer fynger brayt/ Die hengend sy an den halß vnd die oren behenckt mit edlem gestain vnd kaines an den henden/ Dye farb dysses volcks ist etwas weyß farb/ Wan alda ist der lufft frischer vnd kyeler weder zu Calicut/ Ir wonungen seynd vyl gepawt nach vnßer gewonhayt des geleychen auch samlung der frücht.

℄Capitel wye der künig seynem weyb vor vnd ec.

er bey ir ſchlafft die iunckfrawſchafft nemen laßt des geleychen auch
dye Edlen.

Die kynig der ge-
melte̅ ſtat tar-
naſſery hal-
ten von alter
her diſe gewo̅
hayt/ So der
kunig ain iu̅-
ckfrawen zu
weyb nympt/
ſo laßt er tay-
ne bramym o-
d' pfaffen des
erſten bey ir
ſchlaffen Als
der kunig zů
Calicut/ Aber ainen weyſſen man der muß nit edel ſeyn/ Er ſey aber
ain chriſten oder ain hayd das hat nit irrung/ Den laßt er die erſten
nacht bey ir ligen das er ir die iunckfrawſchafft nem/ Des gleychen
thond auch die edlen ſeines reychs halten ain ſöllichen ſitten/ Ee ma-
len vnd ſy die braut haym füren ſůchen ſy ainen weyſſen man er ſeye
was ſprach oder gelauben er wölle/ Den füren ſy in der braut hauß
das er bey ir ſchlaf vn̅ das er ir die iunckfrawſchaft neme/ ſölichs wi
der für auch vns mir vnd meinem mit geſöllen als wir in die ſtat ka
men/ über wenig tag begegnetten vns auff ayn ſtund drey edel vnd
kaufleyt/ Fyengen an myt meynem geſöllen zů reden vnd ſprachen/
Jangalli impardeſi/ So vil als fraynd ſeynd ir außländer/ Er ant-
wurt ya/ Da ſagten ſy/ Ethera nalt in banno/ Das iſt/ Wye vil tag
iſt es das ir ſeyt her kummen in dyſſe ſtadt/ Sprachen wyr/ Münal
gnad banno/ So vil/ Es iſt vyer tag das wir ſeyen her kumen/ Alſo
ſprach ayner dyſſer kaufleyt/ Biti banno gnam periga Manathon
ondo/ So vil Geſprochen kumpt mit mir zů hauß ich byn ayn ſund-
er gůter fraynd der göſt/ Auff ſölichs gyeng wir mit im in ſein hauß
Als wyr dareyn kamen Gab er vns ayn gůtte Colacion/ Vnnd
ſprach zů vns/ Lyeben frayndt/ Patancinale Bannognan penna

ii ij

periti in penna orangono penna panni cortū/So vil gesprochen ich hab ain iunckfraw genomen die wird ich über fünftzechen tag haim fyeren/Vñ beger das ainer vnder euch die ersten nacht bey ir schlaff vnd ir die iunckfrawschafft nem/Als wir das vernamen sachen wir an ain ander an scham rot/da sprach er zů vns/Turcimamo Ir bedörft euch nit schämen wan es also die gewonhayt ist in diser stat/da wir das hortten sprach mein gesöll/Thů wir kain übel daran so werden wir euch zů willen/yedoch hetten wir forcht es wer vns zů übel erdacht/Das mörckt der kauffman das wyr also verirt stonden vnd sprach zů vns/O langalli marancania ille ocha manezar irich enu gesprochen/O fraind habt kain vnmůt/wan alle dise stat hat die gewonhayt/Da wir erkunten das sollich gewonhayt vñ der geprauch was diser stat/Wie vns dan ainer auß vnser gesölschafft bestettiget mit dem ayd vnd sprach/Wir sölten vns darumb kain forcht nemen Sagt mein gesöll zů im er wölte willig sein sich der arbayt zů vnder ston/Des ward der kauffman vast fro vnd sprach zů vns/Ich will das ir bey mir in meinem hauß herberg habend so lang bis ich meyn weyb haim fyer/also hyelt er vns selb fünft wie wir mit ainand kumen waren sampt vnsern gyetern in seinem hauß/Erbot vns wol mit speys vnd gedranck/Vñ thet vns zů mal grosse fraintschaft/An dem fünffzechenden tag fůrt er mein gesöllen zů seiner braut/Der schlyef bey ir die ersten nacht/Vñ lyeß im wol sein als er mir darnach saget er hette mögen leyden das die selb nacht aynes monetz lang gewesen wer/Wan sy zů mal vast hüpsch ain praunes kindlein was von sechzechē iaren/vñ der kaufman dyenet inē so vil er vermocht/aber nach diser nacht wa er weyter bey ir wer gefunden wordē so het er das lebē verwürckt/vmb sölichen dyenst der im vō meinem gesöllen beschach erbot er sich wa wir noch lenger fyer oder fünff monet beleyben wolten/Wolt er vns all kost frey halten/Ist nit mynder die narung ist fast wolfayl da vñ das volck ist an im selbst fraintlich vñ erentreych

¶Capitel wie man die todten kerpel behalt in diser stat

All die künig vnd pfaffen diser stat Tarnasseri so sy gestorben sein verprent mann ire Cörpel/Vnd machend grosse opfrung dem teyfel von der selen wegen/Behalten die äschen in besundern irdin geschirren verglasyert geformyert wie die haren glaß/Das selb geschirr mit des verpranten leychnams äschen vergraben sy in ire palöst oder heüser vnder die erden/vñ so sy die opffer thond so tōn sy die

vnder etlichen pomen wie zů Calicut/ Sy legen auch in das feür so
man den leychnam verprent so vil wol geschmack/ besunder auff den
corpel Beltzin Ligno aloe Mirren vn̄ weyrach/ Vn̄ vil ander kost
lich ding das es allethalb so weyt die stat ist ain gůte geschmack gibt
Bestöllen auch darzů all die instrument vnd spylleyt die sy gehaben
mögen/ Das alles gar ain groß gethön gibt So send auch allerzeyt
gegenwürtig fünfftzechen oder zwayntzig man bekalydt in scheytz
liche teyflische klaydung/ Die machen groß vest vn̄ aller zeyt stat ent
gegen sein weyb/ Vnd sunst kain ander weybs bild/ Volbringt ain üb
er grosses waynen/ Sölich wesen treyben sy bys auff ain stund oder
zwů in die nacht.

Capitel wie sych die weyber nach dem todt irer man also lebendig verprennen.

Jn an
der sytt
vn̄ gebrauch
ist in Dysser
stat/ So also
ainer fraw-
en ir man ge
storbē ist vō
dē selben tag
zů rayten üb
er fünfftzech
en tag mach
das weyb ain
grosse wyrt-
schafft mit ir
ent fraynden/
Berůfft auch darzů all ires mannes frayndschaft/ so die wirtschaft
fyr ist/ Get sy mit inen allen auf das kostlichest angeton vō seyden ed
lem gestain vn̄ vō gold an die stat da man den corpel ires mans ver
prent hat/ So haben in der weyl ire fraind ain grůben gleych ainem
seychten prunnen lassen machen ongefarlichen so hoch die person ist
darumb stossen sy fünf oder sechs rot vn̄ tond daran ain seydin tůch
Vnd in die grůben machen sy ain feür mit den wolschmeckenden din
gen wie iren man beschechen ist/ Vnd in der wirtschafft ißt die fraw

n iij

bettole der frücht so vil das sy bey nachend thöbig wirt im haupt/es seind auch entgegen die pfeyffer vñ spilleyt ain grosse zal mit gesang vñ grossem gebracht/darzů auch die man in ö teyflische verklaydüg Die tragen feür in iren meülern treybent wunderlich aperat/Machend also ain opfrung dem deumo oder teyffel/so gat dan die fraw so sich verprennen will auff vnd nider springt vnd dantzt mit den andern frawen dero ain grosse mänig entgegen ist vmb das feür/vnd offtmal kert sy sich gegen den teyflyschen mannen/befylcht sich inen das sy den teyffel wöllen bitten/das er sy für aine der seinen wöl gnädigklich an nemen/verhayssen sy ir dan das sy sölichs gethon haben vnd fürbas thon wöllen/Das alles thůt das weyb mit vnerschrockner gestalt sampt etwas mit freüden/Wan sy nit anderst gelauben dan das sy also von stunden an in den hymel gefürt werden/vnd mit sölichem geschray vñ gethöm nimbt sy dan das vor genãt seyden tůch mit den henden in allen iren klaydern vñ gezyerden/Vnd laßt sich en miten in das feür/als bald so send da ire nächsten fraind mit langen kolben vnd schlachen auff sy mit krefften werffen auch etlich kuglen von bäch gemacht zů ir in das feür/da mit sy döster ee ir end nem vñ darnach verprent man sy zů äschen wie irem man beschechen ist vnd wölche fraw söllichs nit thät die wurd größlich veracht vñ gehalten wie bey vnß ain gemaine ofne fraw/vñ sy wurd võ iren aygen frainden todt geschlagen/vñ wan sölichs beschicht so ist der künig der stat von grosser eren wegen alle mal gegenwürtig/Es tond auch der geleychen nit das gemain volck/Besunder allain die fyrnemen vnd edlesten der stat.

⸿Capitel von dem pulen etlicher iungen leytten

In ander sit ist in diser stat hab ich selbert auch gesechen/Das ain iunger gesöll redet vnd pulet vmb ain weyb mit der geleychen wortten wie er sy lieb het vnd im kain sach vmb iren willen zů ton schwer wer des er nit volbringen wölt/vnd des zů ainem waren zaychen nam er ain stücklin thůch wol in öl eyn gedrenckt das angezint leget er auff ain blossen arm/Vñ ließ es also verprynnen allzeyt dan nocht mit der frawen redent/was aber der beschayd oder ir antwurt was hab ich nit gehört. ⸿Capitel võ dē gericht zů tarnasseri

Wölcher ainen ertödt vnd begriffen wirt auch getödt wie Calicut Vmb gelt schuld můß ainer anzayggen haben durch geschtifft oder gezeygknus/Ir geschrifften machen sy auf pappir wie bey vns vnd mit

auff pletter von pomen wie sy schreyben zū Calicut/Werden gefor-
dert fyr den regyerer der stat der hält in recht vnd macht rechnung
aller sum/Wann ain außlendischer kauffmann stirbt der mag sein
gūt nit lassen wem er will ob er nit weyb vnd kynd hat/So ist der kü-
nig sein erb/So der künig stirbt/Hat er ainen sun verlassen der be-
leybt nach im künig vnd mit der ordnung wie zū Calicut Stirbt dan
nyendert ain haydnischer kauffman/So wyrt groß gelt auß geben
vmb wolschmeckend ding den Corpel vnuerwesen zu behalten/Vnd
gelegt in ain hültzine truchen vergraben das angesicht gegen Mech-
a getört ist gegen dem auffgang/Vnd hat er kynder verlassen die be-
leyben erben seines gütz.

Capitel von den schiffen zū Tarnasseri

IN diser stat vñ auf dē mör haben sy in geprauch fast grosse na-
ue oder schiff von merlay form/Namlich zūm ersten seind etli-
che zū vnderst an dem boden fast flach oder eben die faren an ain ort
da wenig vnd nider wasser ist/die ander form der schyf mit zway bro-
ben fornen vnd hinden vnd mit zwayen gründlen vnd zwayen segel
pomen habent kain bedöckung/Dye drit gestalt der schyff dye seynd
vast über groß von der ladung tausent faß/Außerthalb dyser aller
haben sy klaine schyflein faren sy mit gen melacha nach der mindern
spetzerey/Daruon ir auch zū seiner zeyt vernēmen werde

Capitel von der stat Bangbella vnd von irer gelegen-
hayt/Vnd irem glauben.

DAmit wir wider auf vnser fart kūmen wan wir etwan lang in
der gemelten stat Tarnasseri gelegen vnd geriit vnd vns wol
ergetzt hetten/Kam mir begird weyter zū schiffen vñ ward des ains
mit meynem gesöllen der ain tayl seyner kauffmanschafft verkaufft
het/Machten wir vns wider auff ain schiff vnd styessen von land ge-
gen der stat/Banghella bey syben hundert meylen gelegen von Tar-
nasseri die wir fūren auff dem mör in aylff tagen mit gūtem wind di-
se stat ist aine der aller bösten stat die ich gesechen hab/Hat ain gros-
ses land vmb sich vnd ist ain mechtig künigreych/Der soldan dyser
stat ist ain machometan oder hayden/Vnd vermag zway mal hun-
dert tausent man zū fūß vnd zū roß in ain feld/Vnd als sein künig-
reych ist machometz glauben/fyert stetigs krieg mit dem künig vō
narsnga/es ist auch das volkümest land Als ich glaub von koren
von allerlay fleysch Vñ über dye maß vil zucker/Des geleychen von

n iiij

imber vnd von pomwoll das auff erden ist/ Alda send die reycheste̅ kaufleyt in grosser zal so in vil stötten nit gefunden werden/ Vnd in diser stet lat man iärlichen biß in fünfftzig schiff mit pomwollen vn̅ seyden thüchern/ Wölche thücher genant werden/ Beyram Nanno nie Lizari Ciantar Doazar Vnd synabaff/ Die alle werden gefürt vnd verkauft in der Türgkey in Syria in Persia in bayden arabia in ethiopia vn̅ in alles india/ es send auch in diser stat vil groß mechtig kaufleyt die vo̅ andern landen dar kumen edel gestain zů kauffen Dero man vast vil da fayl fyndt.

¶ Capitel von etlichen Christen kaufleyten zů banghella

Ich fand auch da in diser stat etlich cristenlich kaufleyt sagten sy weren auß ainer stat genant sarnaii/ heten dar gepracht zů verkauffen seyden gewand Ligno aloe beltzui vn̅ byssem/ sy sagten auch wie in irem land vil fyrsten vn̅ reych herren were alle cristen vn̅ lepten vnder gehorsam des grossen Cans von Chatey/ ir klaydung was von schanilot mit falten vnd die ermel belegt vnd abgeneet mit pomwoll/ Auff dem haupt trügen sy paret ainer spannen vnd anderhalber spannen hoch von rottem thůch gemacht/ Vnd waren weyßleyt Bekanten sich Christen sein gelauben auch in die haylig dryualtigkayt/ Den zwelff apostlen vn̅ alle ewangelien der fyer ewangelisten Vnd nemen den tauff mit dem wasser/ Sy haben auf mörcken der geburd vnd des leydens Cristi/ Halten die vasten vnd vil haylig abent vnd tag im iar/ Sy schreyben widerwertig dem vnsern auff den armenischen sitten/ Sy tragen nit schůch von leder aber von seyden darauff vil edelgestain verfaßt/ Vnd essen auff ainer tafel wie wir vn̅ nit auff der erden als die hayden/ Vnd essen allerlay fleysch/ Sy sagten auch das sy wol wissen heten das an den grenitzen des grossen turgten groß mechtig christenlich künig vnd herren weren/ Nach vil reden die ich mit in het/ Zům letsten zaygt in mein mit gesöll sein kaufmanschatz vnder wölchen auch waren etlich schnyer vo̅ schönen vn̅ grossen Corällen/ Als sy die gesechen hätten sprachen sy wa mir mit in faren wölten in ain stat die sy vns wurden anzaygen/ Möchten sy ons wol vertrosten das vns darumb wurd zechen tausent ducaten/ Oder so vil rubin dye in der türgkey geacht oder verkaufft möchten werden vmb fünfftzyg tausent ducaten/ Sprach meyn mit gesöll er möchte das wol leyden vnd wer zů friden/ Ward in verlangen weg zů faren des geleychen auch mich/ Also sagten die Cristen über zwen

tag wirt ain schiff gon gen Pego so ir euch mit vns verfyegen wölt
da selbst hin zü faren mügt ir thon so wöll wir euch güt geselschafft
laysten/Als wir das vernamen trügen wir alle ding in das schiff las
sen darein mit inen vnd etlichen andern kaufleüten persianern/Vnd
als wir aygentlich erkündigt hetten in der stat/Das die gemelten eri
sten frum vnd getrew leyt weren/Hielten wir vns frauntlichen zu sa
men/Aber ee vnd wir von dannen schyeden vō banghella verkaufet
mein mit gesöll alle sein kaufmanschatz on allain die corällen die wa
ren im da nit mer fayl vnd zway secklein saffran vnd zway stück re
sato von florentz/Mit dem sey genüg gesagt von dyser stat/Allayn
noch ains als ir vernomen hapt von ainer grossen sum der pomwol
len tuch so man darin macht/solt ir wissen das die garen alle gespun
nen werden von den mannen/Wan die weyber spinnen nit in dysem
land/Also schied wir mit den cristen von dannen gegen ainer stat ge
nant Pego ligt bey tausent meylen vō Banghella vnder disem weg
füren wir über ain cholffen gegen mittag vnd errayechten die gemel
ten stat Pego.

¶Capitel von Pego der stat in india

Pego die stat ist gelegen auff dem land auff vestem erdtreych/
yedoch nachend bey dem mör auf die gelingken hand als gegen
auff gang/Da ist ain über hüpsch flyessend wasser/Auff dem selben
faren vast vil schyff hin vnd wider/Des künigs haltung vnd sytten
ist geleych als zu Tarnasseri ir farb ist aber ain wenig weysser wan
der luft ist etwas frischer da selbst vmb vn ir wonungen send wie die
vnsern/dise stat ist gemaurt vn hat vast güte heüser vnd schön palest
von staynen mit kalck/der künig ist vast mechtig an volck zu fuß vn
zu roß vnd helt aller zeyt fyr sein person mer wan tausent cristen des
landes vor genant/Vnd gibt yetlichem ainen monet sechs pardey zu
sold sampt der speys/In disem land wächst überflüssyg vil korn vnd
vil vichs auch allerlay frücht wye zu Calicut/Wenig helffandt hat
man da/Aber von allen andern tyeren vn vöglen zu vor an die schön
sten pappigali die ich ye gesechen hab fynt man da in grosser mäng
Es wächst auch in dyssem land über schön groß holtz zu nauen vnd
schyffen zu brauchen/So seind auch rör die da wachsen warlichen in
der gröss vmbsich als ain barillen oder zimliche lägel vmb sich ist/Al
so das ich die an kainem ort grösser nye gesechen hab/Alda hat man
auch vil zibeten katzen der gibt man drey oder fyer vmb ain ducaten

o

Die mayst kauffmanschatz in diser stat ist mit edlem gestain der merertayl rubin/ Wölche dar kumen auß ainer andern stat genant Capellan võ diser stat gelegen auf dreyssig tagrayß die ich aber nit gesehen allain söllichs von etlichen kaufleytten also vernomen hab/ Ir solt auch wissen das die dyemant vnd die grossen perlein in der selben stat wol so vil gelten als bey vns/ Des geleychen auch die schmaragden/ Als wir in dise stat kamen da was der künig wol fünfzechen tagrayß darvon im krieg mit ainem andern künig ainem von aua/ Da wir das horten vnder stond wir vns den künig zu suchen ob wir die Coraͤllen so hoch als wir vertröst warden bey im möchten verdreybẽ Vnd füren von dannen auff ainem klainen schifflein võ ainem stuck holtz gemacht was nit mer als fünffzechen oß sechzechen schrit lang vnd waren die rüder auß roten/ des halben mügt ir selbst verston wa das rüder wasser facht so ist es zwyspalten/ Dan so thond sy daran ain pret mit schnüren über zogen/ Sölicher maß das dises vil schneller võ stat gat weder ain pregantin/ Der segel pom darin ist von ainem grossen ror in der dicke wie ain lägel daran man die sayl häfftet In dreyen tagen kamen wir zu ainem dorff darin funden wir ligen etlich kaufleyt die mochten in die stat aua nit kumen der kryegs leyff halben/ Als wir sölichs vernamen korten wir vns mit inen vmb zugen wider in die stat Pego/ Vnd nach fünff tagen kam der künig in die gemelt stat/ Wölcher ain grossen sig an seinen feynden erholt het Vnd den andern tag darnach fürten vnß die christen vnser mit gefürten zu dem künig mit im zu reden.

Capitel von der klaydung des künigs von Pego

Als wir ein gyengen zu dem künig võ Pego/ Fand wir in sten bey etlichen seinen alten retten vnd herren vnd er erzayget sich vast lieplich vñ fraintlich gegen vns/ wan er mit nichten nit so hoch myettig oder stoltz ist als der künig zu Calicut oder ander mer/ Also das ain knab sein nottürfft mit im reden möcht/ Diser künig tregt mer rubin vnd edel gestain an im weder ain groß mechtige stat vermöcht zu bezalen mit allem irem gut/ In den oren vast die kostlichesten ainer halben spannen lang herab hangen/ Auch an den armen vnd fyngern/ Des gleychen auff allen zechen vnd an den waden hat er guldine thüch über setzt mit den schönsten rubinen/ Mit söllicher mänig rubinen gezyert vnd allenthalb vmb geben/ das es so ain grossen glantz vnd schein gibt/ Das ainer der in des nachtes also ansicht vermaint es sey der sunnen glantz.

Also gieng
gedt die
gedachten cri
sten zů im vñ
sagte im von
vnser kauff
mannschatz/
gab in der kü
nig antwurt
er wölte den
anderen tag
nach vnß schi
cken wann er
den selbē tag
groß opfrũg
hyelt dem tey
fel von wegen des erlangten sigs/ Den anderen tag schyckt der kü
nig nach vns vnd den gemelten Christen das wir vnßer kauffman
schatz solten mit vns pringen als wir thäten/ Vnd da der künig söl
lich hüpsche gatting der Corällen bey vns sach/besunder zwii schnyer
der geleychen nye in india geprächt was worden/ Fragt er vns was
wir fyr leyt weren/Antwurteten die christen vnd sprachen/ Großme
chtiger her es seind persianer/ Da sprach der küing zů seinem tulmet
schen er solt vns forschen ob wir sy verkauffen wolten/ Da sprach
mein gesöll großmechtiger künig dyße gatting stat alle in eürem ge
walt/ Also sagt der künig wie das er zway iar großen krieg gehapt
het mit dem künig vō aua/des halben nit gelt verhanden bey im we
re/Wa er aber so vil rubin dar fyr haben wolt mit denen wolt er in
vast wol benyegig machen/ Da ließ wir im sagen wir begerten der
ding kaines nit allain seiner genaden vnd fraintschafft/Vnd das er
die war nemen vñ darmit thon solt nach seinem gefallen/ die cristen
verwunderten sich gröslich/ das im mein gesöll ain söliche wal auf
that das d künig die schönsten corällen on gelt vñ klaynet nemen solt
Als d künig vernam die freywilligkayt sprach er/ich wayß vast wol
dz die persianer mile vñ redlich leyt send/ aber eüer gleych ist mir nye
mer zů kinnen vñ ich schwör bey dē haubt gotes vñ des teyfels das ich

o ij

sechen will wölcher freymilter sey ich der ich ain künig bin oder zwen persianer/Vnd schůf mit ainem seinem diener der bracht im ain truchlin zwayer spannen lang vast hüpsch von gold gemacht vmb vnd vmb mit edlen stainen besötzt/Als er das auff gethon het sach ich darin sechs daten vnder schyden alle vol rubinen/Die satzt er fyr vns vnd sprach zů vns nun nempt daruon so vil vnd was ir wölt/Da sprach mein mit geföll/O großmechtiger herr du erzaygst mir so vil fraintschafft das ich bey dem gelauben den ich zů machomet hab deinen genaden schencken will alle dye kauffmanschafft die ich da hab/Wann du solt wissen das ich nit in der welt vmb zeych vil gůt zů gewinnen/Allain darumb das ich můg sechen vil land vnd manigerlay völcker vnd ire sitten/Da sprach der künig kan ich dich dann nit überwinden mit deiner freymiltigkayt/Das můß mir layd sein/Aber nym hin das ich dir geben will vnd mit dem begriff der künig ain gůtte hant vol edler rubin auß yetlichem dätlein des gemelten truchlins/Vnd schanckt im die der waren bey zway hundert/Vnd sprach nym hin die gaub von ainem künig von Pego von deiner erung vň gůtwylligkayt wegen dero du dich gegen mir erzaygt hast/Auch so schanckt er yetlichem der christen zwen rubin die da geschetzt warden auff tausent ducaten/Ich glaub aber das meines gesöllen rubin biß in hundert tausent ducaten wert waren der massen sy auch geschetzt warden auff söllich sůma geltz/Mein gesöll vnd ich sagten dem künig über grossen danck als wol billich was/dem nach glaub ich das kain so milter künig auff der welt gefunden werd/Vnd hat iärlichen auf zů höben ain million gold on das edel gestain das im zů bracht wirt/In seinem land gefalt vil Lac sandel prisily Pomwoll vnd Seyden vnd alles sein einkumen gibt er seynen söldnern/das volck In dyssem land ist vast vnkeysch/Als etlich tag verschynen gyengen wir wider zům künig mit dancksagen vnd die zwen christen namen fyr sich selbst vnd fyr vns vrlaub vom künig/Der schůf vns ain woning eyn zů geben vnd alles das vns noturfftig was wa wir lenger beleyben wölten/Vnd also beliben wir noch fünff tag zů Pego/In den selben tagen kamen dem künig botschaften wie das der künig von Aua wider käm mit grosser rüstung/Als er söllichs vernam zoch er im entgegen mit vil volcks zů roß vnd zů fůß bis auf halben weg/Den nächsten tag darnach sachen wir aber zwů frawen die sich willigklich verpranten ð massen wie ich vor daruo zů tarnasseri bescheche erzélt hab.

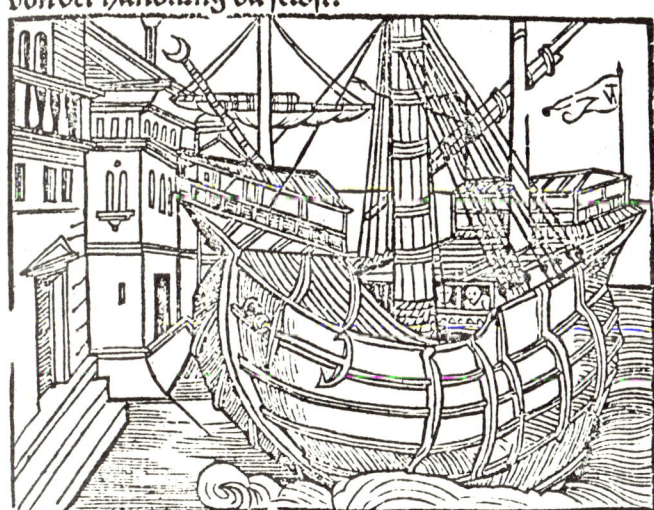

Capitel von der stat Melacha vnd dem flus Gaza vñ von der handlung da selbst.

O Es an̄ dern ta go saß wir in ain schyff fü rē in ain stat genant/Me lacha die ligt gegen dem ni dōgang zū wel cher wir gefa ren kamen in acht tagen ne ben der selben stat sachē wir ain vast groß flyessend was ser/Des geleychen ich kaines nye gesechen hab wirt gehayssen Gaza erzaygt sych auff fünff vnd zwaintzig meyl prayt/Gegen dem selben fluß über ligt ain über grosse insel genant Sumatra sagen die in wo ner sy begreyff vmb sych ob fyer tausent meyl/Mit der zeyt will ich weytter meldung thon von diser ynsel/Als wir in die stat melacha ka men von stunden an wurden wir gefragt vñ fyr bracht dem soldan der dan ain hayd oder machometan ist mit allem seinem volck/Die gemelt stat ist gelegen auff dem land vnd hat ob zwaintzig tausent heüser in ir aber vast schlecht/Gibt vnd bezalt tribut dem küng von Cini des vor farn dise stat hond lassen pawen bey achtzig iaren ver gangen/Darumb das da selben ist ain gelegen ort vnd ain vast gūt te portten des mores/Wirt gerechnet fyr den obersten fyrsten des mo ris occeano/Vnd warlichen glaub ich das in dem selben portten mer schiff zū lenden als an kainem anderen ort der welt/Wann dar hyn kumpt aller gatūng der spetzerey vñ ander kauffmans war in gros ser vile/Dyses land ist nit vast fruchtpar/Hat kain korn Wenig fleysch/Aber holtz vnd vögel wie zū Calicut/Alda fynt man den san del mit hauffen vnd ain berckwerck daraus man gar gūt zyn macht Es seind auch da helffant vil roß pyffel kye vñ leoparten vnd pfawē

o iij

ain grosse mänig/Die handlung in der selben stat ist allain mit spe-
tzerey vnd mit seyden/Das volck ist prauner farb mit langem har/
Vnd ir klaydung vast auff den syn wie man zů alkeyro beklaydt gat
haben brayte angesicht gescheybte augen vñ gedruckt nasen vñ send
des geschlechtz ein kümen gianai ainböß volck/ vñ nyemant gedart
os mag bey nacht in diser stat wandlen/wan sy würgen vñ schlahen
an ainander zů todt wie die hund/Alle kaufleyt die in diser porten zů
kumen ligend des nachtes in iren schiffen/Vnd hält der künig ainen
stat halter da der den gösten recht hält/vñ wan der künig mit in han
dlen oder sy straffen will/So sprechen sy zů im sy seyen leyt des mores
wa er sy bezwüngen vnd nit nach irem willen halten wöll so wöllen
sy die stat verlassen es ston/Der lufft ist getemperyert da selbst/Vnß
re mit geförten die zwen christen sagten wie nit gůt lang da zů beley-
ben wer bey disem bäsen volck/Also namen wir ayn giuncho das ist
ain schiff also genant/vnd füren an der seyten sumatra gegen ainer
stat genant Pider gelegen von vestem land bey achtzig meylen.

⁋Capitel von der grossen ynsel Sumatra vnd võ Pider
der stat darin gelegen

I̅N diser ynsel sagen sy sein die bösten porten an dem gantzen mör
Von wölcher ynsel ich gesagt hab das sy vmb sych hab ob vyer
tausent meyl vnd nach meinem verstand als vil ander auch sagen so
ist es das land Taprobana/In wölchem fyer gekrönt künig wonen/
Ir aller gelaub syt vnd gewonhayt ist wye zů Tarnasseri/die in wo
ner dises landes send mer weyß weder praun/Des angesichtz gestalt
wie zů Melacha/Sy seind aber klain leyt vnd klainer gelidmaß/Al-
da hält man vast gůte gerechtygkayt des gebrauchs wie zů Calicut/
Ir mintz ist von gold von silber vnd von zyn alles gestempfft/Auff
ainem ort ain teyfel/Vnd auff dem andern ort ain wagen der geze-
gen wirt von ainem helffant/Der mintz von sylber gelten zechen ai-
nen guldin vnd der von zyn fünff vnd zwaintzig fyr ainen der silbe-
rin pfening/Im selben land gefalt ain grosse mänig der helffant die
grösten so ich ye gesechen hab/Diß volck ist nit fast wol geschickt/ver
stand sich allayn irer kauffmanschafft/Seynd aber gůt fraind der
frembden vnd außlender.

⁋Capitel von dreyerlay gatung des lengno aloe

Z̅V wissen das von dem gerechten oder pösten Lengno aloe we
nig kumbt in vnßre land vñ in dreyerlay gestalt verkaufft wirt

das aller volkumnest nent man Calampat wechst nit in diser ynsel/ das kumpt võ ainer stat sarnau gehayssen die selb als vnßer mit ge führten die christen sagten leg nit fert von irem land ist das edlest/das ander nent mann Loban das kumpt von ainem flus/ Der nam des dritten hayßt Bochor vns sagten die gemelten Christen die vrsach wa rumb des gute holtz Calampat nit in vnßre land gefyert wurd were die/ Das zu Cathey vnnd im künigreych Cini in Macini vnd Sar nau seyen mer großmechtiger küng vnd herren weder bey vns heten vil mer lieb zu disem holtz/ besunder zu den zwayen gatungen weder wir/ Des halben es von inen vast vil höcher bezalt würd weder von den kaufleyten die es in die haydenschafft oder türgkey fürtten/ Vnd ain pfund des guten lengno aloe das da genant wirt Calampat gilt zu sarnau geren zechen ducaten. ❡Capitel võ wyrcklichayt des genanten lengno aloe vnd von beltzui.

MIr gaben die gemelten christen beschayd vnd zaygten mir die wirckung vñ krafft der ersten zwayer gestalt des holtzes aloe Wan ainer vnder in het ir yetweders ain wenig/ Zum ersten gab er meine gesellen des holtzes Calampat bey zwayen ontzen in die hand ließ in das darin halte so lang als ainer het mögen sprechen den psal men miserere/ Alzeyt die hand wol beschlossen/ darnach hyeß er in die hand auf ton/ So bald gyeng ain so grosser vñ lyeplicher geschmack daruon des geleychen ich kaum empfunden hab vnd über traff allen wol geschmack bey vns/ Darnach nam er so vil beltzui als ayn nuß groß/ Vñ des selben der da wächst zu sarnau bey ainem halbẽ pfund schwer/ Vnd lyeß in thon in zwü kamern in yetliche ain feür tragen vñ das beltzui darauf geworfen/ sag ich in warhayt das diser wenig mer süssigkayt vñ geschmack machet weder des andern das ain halb pfund gewesen was/ Also hapt ir vernomen dye vnder schyd wie er bey inen brobyert vñ für den bösten gehalten wirt/ des gleychen auch von dem holtz aloe/ Es wächst auch in diser insel vast vil lac/ Dar auß man die schön rot farb macht. Die pom darauß er fleüßt ist ge leych den nuß pomen bey vns.

❡Capitel von ainer andern gestalt des pfeffers von sey den vnd Beltzui so in diser ynsel wächst.

IN diser ynsel vñ vmb die stat pider allenthalb wächst ain über grosse sum pfeffers vñ langer pfeffer der genant wirt molaga die gestalt diß pfeffers ist vil grösser weder der zu vnß gefürt wirt vñ vil weyſſer/inwendig iſt er ler vn̄ nit ſo ſcharpf als der ander vn̄ wirt bey in verkaufft nach der maß wye bey vns das koren/ Der pom der den langen pfeffer bringt hat vil gröſſre ye zwey praytre pletter vnd volkumner auff gewachſen weder zů Calicut/ In dyſſem porten lat man alle iar achtzechen bis in zwaintzig ſchiff die da farēder ötter gegen Chatey/ Vnd ſy ſagen das ſich da ſelbſt anfacht die groß költe in diſer ſtat macht man gar vil ſeyden vn̄ vaſt vil außerthalb in dē wälden die da nit geſürt oder erzogen werden võ den menſchē wol ſeindſy nit vaſt gůt/ Man macht auch da ſelbſt vil beltzui auß etlichen pomen den ſaft/ Etlich ſagen ich hab, aber nit geſechen es wachſt vaſt fert darvon auff dem land.

¶ Capitel Von etlichen ſeltzamen handeln in der ynſel Sumatra.

In diſer ſtat bider ſach ich ſo hüpſche ſubtile arbayt ſo ich kaum geſechen hab/ das waren trüchlein võ gold gearbayt dero man aines verkauffet vmb zwen ducaten/ Vnd in der warhayt bey vnß aines geſchetzt wer worden vmb hundert ducaten/ Ich ſach auch in ainer gaſſen vnd ſtraß bey fünff hundert wechſler von mintz/ Wan dar kumpt ayn über groſſe mänig kaufleyt/ Vnd da wirt geprauchet vaſt vil handels/ Die ſelben verſechen ſich auch da mit allerlay gelt in andre land vnd künigreych dienlichen/ Diß volck ſchlafft auff gůten beten von pomwoll vnd die döcken der merertayl võ ſeyden/ auch haben ſy über fluß von holtz darauß man die ſchyff macht gunchi genant die haben drey ſegel pom hond auch gründel gehayſſen tymon vn̄ wan ſy ſchyffen über etlich arm des mores ſo kumen ſy gar auf vn̄ geſtyeme ötter als in etlichen graben ſo faren ſy mit dē wind vn̄ ſprayten auff die welt oder wint feng/ So dann ain wider wynd kumpt eylend ſo ſchlagen ſy den welen vmb vnd fachen den wynd an aynem andern ſegel pom vnd faren wider hindcrſich/ Vnd iſt mit ſöllichem hantwerck das geſchwindeſt volck vnd ſo gůt ſchwymer in dem waſſer vn̄ werckliche feür zů machen/ dero gleychen ich nye erfaren hab

¶ Capitel von den heüſern zů Bider vnd wie ſy bedeckt ſeind allenthalben in der ynſel Sumatra.

Die wonungen vn̄ heüſer in der ynſel Sumatra ſeind gemauret aber nit vaſt hoch vn̄ der merertayl der ſelben ſeind bedöckt võ ſchölffen von Tartaruca des mores ayn materi alſo genant/ Dero man da fyndt ain groſſe mänig/ Vnd als ich da was ſach ich aynen

wegen het an gewicht hundert vnd drey pfund/ So sach ich zwen zett
rö helffant wegen die hyelten drey hüdert vñ fünf vnd dreyssig pfund
vñ sach auch schlangen da vil grösser wed ich sy zü calicut geschē het

Kamen wir wi
d zü dē zway
en cristen vn
seren mit ge=
forten die da
begyrig wa=
ren zü leren
in ir haymāt
Die fragten
vns was vn
ser maynūg
were ob wir
Da wöllten
vmb wend=
en oder weyt
ter raysen/ da gab in mein mit gesöll antwurt nach dem vñ wir kum
en seyen an die ort da die spetzerey wöchst/ Wolten wir geren weytter
vnd mer frembder ding sechen ee malen vñ wir wider korten/ sagten
sy wie das in dyssen landen vmb nit andre spetzerey wyechs wan wie
wir gesechen hetten/ Da fragten wir wa aber dann die nuß vnd ne
gel wyechsen/ sagten sy vns wie die muscat nuß vñ blye vnd auch die
garofoll oder negel wyechsen in ainer ynsel bey drey hundert meylen
von dannen/ Forscheten wir weytter ob wir sicher vor mör raubern
da selbst hin kumen möchten/ Antwurtē sy vns ya wol aber groß for
tuna weren auff dem selben mör/ Vnd mit vnserm oder des gleychen
grossen schiffen möchten wir nit da hin faren/ Fragt mein gesöll in
was gestalt möchten wir aber dar kumen/ Gaben sy antwurt ir mye
stend kauffen ain Chiampana ain schiff also genant ist ayn klaynes
schiff der selben man gar vil hat/ Also batten wir sy das sy vns ains
lyessend bringen vnd von stunden an schüffen die zwen christen/das
vns zway gepracht wurden vast wol gefo:myert mit schifleyten vnd
aller nottūsst versechen/ Die sich verpflychten den weg mit vns zü
volbringen/ Also machten wir kauff mit dem patron vmb alles das

p

wir darzů bedörfften auff fyer hundert pardey/Wölche im von meinem gesollen von stunden also bar bezalt wurden/Redet darnach zů den cristen/O mein aller liebste fraind wie wol ich nit bin võ ewerm geschlecht oder glauben so seyen wir doch all geprüder von adam vñ eua geboren woltent ir mich vñ disen mein nůt gesöllen verlassen der in gleychem ewerm gelauben geporen kain persianer besunder zů ierusalem verkaufft worden ist/Als die christen ierusalem horten nennen hůben sy die hend auf zů dem hymel vñ kůsten darnach dreymal die erden vnd fragten zů wölcher zeyt ich zů ierusalem gewesen vnd verkaufft worden wer/sagt ich in ich were bey fünffzechen iaren alt gewesen/ Sprachen sy so soll dir wol in gedenck sein von dem selben land zů sagen/sprach mein gesell ya vast wol wan ich vil monet lang nit grösser kurtzweyl gehabt hab/Als das ich võ im erforste von den sachen vnd siten seiner land des er mich alles bericht hat/Auch seiner sprach das ich kan nennen alle gelider des menschen vnd alle essende ding/Als das die christen horten sprachen sy vnser will vñ fyrnemen was hye wider zů keren in vnser vatter land dar hyn wir noch drey tausent meyl haben/Wa ir aber hin faren wölt vnd will ewer gesell auch mit so wöll wir in reych machen ob er dan will dem persianischen gelauben vnderworffen sein/Das stand in seinem freyen willen/ Da sprach mein gesell des bin ich vast wol zů friden vnd gefölt mir ewer geselschaft gantz wol/Aber meines gesollens halben das er bey euch beleyben künd des mag nit gesein/wan ich hab im aine mein liebe fraindin zů weyb geben vmb besund liebe willen die ich zů im hab So ir aber also des willens seyt in vnser gesöllschafft mit zů zyechen So will ich des ersten das ir dise gaub die ich euch gib von mir annemend anderst ich wird nimer ewer gůter fraind beleyben/Die gůten cristen sprachen sy wolte leben seines gefallens/also schanckt er in ain halben Curia rubin der waren zechen ob fünf hundert ducaten wert Von dannen über zwen tag da waren berayt die chiampane/darein trůgen wir allen rat von speyß vnd gedranck/vñ ander notturfft vñ namen den weg gegen ainer ynsel genant Bandan.

℃Capitel von der ynsel Bandan darinnen nuß vnd macis wachßt.

Uf disem weg fanden wir bey zwaintzig ynslen ain tayl bewönnit leytten vnd ain tayl ed/vñ in fünffzechen tagen erraychten

wir die gemelten ynsel/Die ist fast vngestalt vnd vmütz hindan ge
sötzt die nuß vnd macis so da wachsen vnd sunst nichtz nit wyrdigs
zů beschreyben/Die ynsel hat vmb sich bey hundert meylen/das land
ist vast nider vnd eben/Es ist ach kain künig kayn gubernator oder
regyerer darin/Allain etlich pauren vnkündent gleych wie das vich
Jre heiser seind von holtz vast schlecht vnd nider/Jr klaydung ist
das sy gond in hembden geschyecht nichtz nit auff dem haupt haben
langs har prayte angesicht vnd gescheybte/Vn seind vast vngestalt
an zů sechen vnd klain personen weyß gefar ir gelaub ist wie zů Cali
cut/Vnd mit allen dingen geleych den poliar vnd hiraua/Da selbst
vnd etwas noch gröber verstentnuß/Da wächst wye vor gemelt ist
nichtz wan die nussen sampt dem macis/Vn etlich wenig frücht der
stam vnd pom/Der gedachten nuß ist geleych aynem pfersich pom
nit ser hoch hat auch pletter fast den selben gemeß/Die est seind aber
gedranger in ain ander Vnd ee die nuß volkumen wirt/So stond sy
in dem macis das ist ir plye wie in ayner auff gethonen rosen/Vnd
so die nuß zeyttig ist vmbfacht sy die nuß vnd werden dan abgelesen
vnd die nuß von der plye geschayden/vn ain yetlich mensch der ynsel
mag ir prechen so vil er will/Wan all ding ist inen gemain Söllichs
beschicht in dem september/Vnd an dye gemelten pom legen sy gar
kain arbayt/dise nuß werden verkaufft nach dem maß das selb maß
wigt sechs vnd zwaintzig pfund/Ain sollich maß wirt geben in dem
werd als ain halber carlin mag sein vn ist ain mintz von Calicut bey
inen hölt man kain recht wan das volck ist an im selb so grob das es
kayn wyssen haben will von vnrecht thon/Jn zwayen tagen sprach
mein gesoll zů den christen/Die negeleyn vnd wa wachsen die selben
ist es müglich so wöllen wir das selb auch besůchen/Also sagte sy wie
das sy sechs tagrayß weyt von dannen wyechsen/Jn ainer ynsel noch
vichischer vnd schnöder als dyße/Myt kürtz wyr warden des ayns
das wir die pflantzsig oder das wachsen d negelein auch wolten sech
en were ioch das volck wie böß vnd es wölte/Also richten wir auf vn
sern segel vnd in syben tagen kamen wir in die selben ynsel die gehays
sen wirt Monoch.

Capitel von der ynsel Monoch da die Garofoli oder
negelein wachsen.

p ij

Alß wir kamẽ zů land bey diser ynsel Monoch stonden wir auß vnserm schif welche ynsel gar vil klainer ist alß dise darin die nussen wachsen dz volck darinn ist vil beser vnd vnvernynftiger weder in dyn
sel bandan vñ lebet doch der selben weyß vñ siten send d̓ gestalt etwas weysser an der farb wan es da selben auch frischern lufft hat/Die negelein wachsen auch in andern klainen ynslen vñ flecken im mör darbey vnd darumb gelegen/Sy seind aber den mertayl nit bewont mit leyten/Wan allain das man auß diser ynsel darein fört zů der zeyt so man die negelein ab nympt/Diser pom der die negeleyn tregt ist gestalt wie bey vnß der puchs pom also töscher vnd dick/Aber die pletter gleych wie des poms d̓ Canell oder rörlein võ dem ich vor gesagt hab zů Zailon/So die negelein reyff seind/So sprayten sy tůcher vnd döcken vnder die selben pom/Vnd mit roten schlagen sy die negelein also ab vnd samlen sy zů samen/Das erdtreych da die pom wachsen ist geleych ainem sand wie wol es nit sand ist/Dises land ligt vast nider also das man den stern tramontana genant nit da selbst mer sechen mag/Da wir dise ding gesechen hetten sprachen wir zů den Christen ob nit weyter etwas da zů sechen wer/da sprachen sy wir wöllen noch beschawen wie sy die negel verkauffen/Also befande wir das ir werd ist bey nachend vmb zway tayl teürer weder mann die nussen gypt/ Vnd doch auch nach dem maß/Wann das volck sich nichtz verstat vmb das gewicht.

Capitel von der ynsel Borney

Vast begirig waren wir zů ersůchen die land vnd zů erkunden newe ding/ Das vernamen die christen vnd sagten/ Lieben fraind so vns got so gelücklich biß her geholffen hat wa es euch dan gefallen wolt/ so habē wir vor vns die grössest ynsel d̛ welt vñ auch die reycheste dar uō wir habē hören sagen/ Alda wert ir frembde ding sechen die ir vor nye gesechen hapt/ wir myessen aber vor in ain andre ynsel genāt borney da selbst myessen wir aber nemē ain grösser schiff wan auch das mör fyro auß vast vil grösser ist des warden wir bald zů friden vñ namen fyr vns den weg zů der gedachten ynsel gegen der selben wir all zeyt mittag wartz faren müsten/ Auff söllichem weg die christen bey tag vnd nacht ir freüd hetten mit mir zů reden von cristenlichen dingen vnd von vnserm gelauben/ Vnd wan ich in saget von dem hayligen angesicht vnsers herren das zů rom ist in sant petters kyrchen/ Vnd von den heüptern sant peters vnd sant pauls vnd sunst von andern hayligen/ Sprachen sy zů mir haymlich wa ich mit in zyechen wölt in ir haymet so wolten sy ain grossen herren auß mir machen darumb das ich söllich ding gesechen het/ Vnd wie wol mir söllichs zů můt gewesen wer/ besorgt ich doch wa ich mit in fyer das ich fyro hin nymer mer het mögen komen in meyn vatter land/ das machet mich wendig das ich nit mit im zyechen wolt/ Mit söllichen kamen wir zů land in die ynsel Borney gelegen bey zway hundert meyl võ monoch Was ain grössre fart vnd vil mider weder die ander/ Die in woner seind erber verstanden leyt ir farb ist mer weyß wan praun/ Ir klaydung sein d̛ hembder von pomwoll vnd schamlot vnd etlich tragen rotte parret auff/ In diser ynsel hält man vast gütte gerechtygkayt võ dannen pringt man auch den Canphora/ sagen das er da wachs vnd sey ayn gumā aynes pomes/ Will ich lassen seyn ich hab es nit gesechen/ Alda bestöllet mein gesöll ain schiff vmb hundert ducaten.

¶ Capitel wie sych die schifleyt halten mit der schiffung gegen der ynsel Giaua

Als das bestöllt schyff berayt was mit aller nottursst essen vnd trynckē namen wir vnseren weg gegen der namhafftten vnd schönen ynsel Giaua zů wölcher wir gefaren kamen in fünff tagen stetigs gegen mittag/ der patron des schyffs fürt die püchs oder den Compas mit den magneten wie die schyfleyt thond auff vnserm mör vñ ain kartten oder papir dar bey was alle gemacht mit lynien nach der leng vnd zwerch/ Da forschet mein gesöll die christen so wir verloten hetten vnsern steren tramontana nach wölchem gestyren dan

p iij

diser schifman schiffet oder regyeret/Die cristen erfůren an dem gemelten patron dise ding/da zaygt er uns fyer oder fünff stern under den selben was ainer sagt er der were widerwertig unserm tramontana/Uñ nach dem selben schiffet er wan sein Compas wer darnach gericht uñ nit als unser Compassen/darpey ich abnam wie fer wir in die welt und wie nider wyr kumen waren/ Er sagt uns auch wye auff der andern seytten dysser ynsel gegen mittag andre völcker und geschlecht der menschen weren die da auch schyfften nach disen angezaygten fünff sternen/Und in den selben örttern etlichen ynslen were der tag nit mer als pyer stund lang/ Da selbst wer auch dye grösseste költen so auff der erden wer.

¶Capitel von der ynsel Giana von irem glauben und leben da selbst und was da wächst.

Uolgen wir fyrbas unserm weg nach in fünff tagen sey wir kumen in dise ynsel Giana/ In der selben seind vil künigreych un geleychs glaubens etlich seind apgötereyer wie zů Calicut/ So betten ir etlich die sunnen an ander etlich den mon/Uñ ain tayl die ochsen/Und ain grosser tayl dises volcks bettet an das erst das in des morgens begegnet/Alda fyndt man die schmaragden die schönsten in der welt auch vil goldes in etlichen wassern/ So macht man da kupffer auß den gepirgen mit grosser vili/des gleychen gůte uñ vil wilde seyden/es wächst auch da korn überflissig vil wie in unsern landē uñ die aller besten frücht aller gestalt wie zů Calicut/ So mag man da gehaben allerlay fleysch ain gůtte volkumenhayt/Und ich gelaub als ichs erkündigt an men hab/ Das dises das getrewest volck der welt sey an etlichen örtten und gegenden in den stetten aber nit allenthalb auff dem land/sy send der leng wie wir weyß gefar hond aber prayte angesicht grosse und gren farbe augen die nassen vast prayt und nider gedruckt mit langem har/Alda send auch vögel in grosser menig all underschidlich den unsern/wan allain die pfawen durteltauben und rappen seind der gestalt wie bey uns/ Bey disem volck hält man gůte gerechtigkayt/Sy gond beklaydt ungegürt mit weytten klaydungen den merertayl võ pomwoll und schamlot/Sy geprauchen wenig wör und harnesch wan sy leben fridlich bey ain ander/Allain die auff dem mör faren die habend handbogen und die pfeyl seind von klainen roren gemacht sy prauchen auch ayn tayl lange ror/ Durch die selben schiessen sy vergifft pfeyl/Wie wenig sy ainen darmit plůt rüß machen so müß er sterben/Alda hat man nit püchsen geschütz sy lassen auch kains nit machen/ Ir essen ist roggin brot fleysch von castronen vnd hirschen aber kain schwein/darneben essen sy auch visch vnd frücht die sy an den selben ortten vast gůt haben.

Capitel wie man an etlichen ortten dyser ynsel Die alten menschen verkaufft zů essen.

Ie ich vergesagt hab võ dem volck diser ynsel wie vngeleych sy send in irem glaubẽ/noch vil vngleycher send sy auch in iren syten vñ getreüen/Wan da fynde mann auch stött vñ lender darin man yßt menschen fleysch/sölicher massen/so wan ain vater alt wirt vnd vor alter zů kayner arbayt mer nütz ist/So nemen in seyne sün oder nächst fraynd vnnd stöllen in zů marckt vnd verkauffen in Vnd die in dan kauffen die tödten kochen vnd essen in/Wa ain iunger mensch in ain kranckhayt kumbt also das etlich die vernünfftigen bedunckt das im nit zů helffen sey so erwartet vater vñ můter brůder oder schwester nit bis er selbst gestirbt/Besunder so ertödten sy in vñ essen den leychnam gekocht verkauffen in aber ander leyten/Erschrocken waren wir solliche graussamigkayt zů hören vnd sagten zů inen das söllichs bey vns ain vnmenschlich ding wer. Da sprachen sy/o ir armen persianer warumb lassend ir dan so vil gůt fleysch die würm essen/Da wir nit sunders wann sollich vnmenschlich sachen sachen wolten wyr nyt lenger beleyben/Machten vnß in vnser naue oder schyff das vns die lant leyt nit mer auf dem land begreyffen möchten

p iiij

⸿Capitel wie in diser ynsel die sunn zu mittem tag spera macht vnd von verschnitten knechten die man da verkaufft.

Da wir alle die ding erfaren vn̄ geseche̅ heten sprachen die cristen zü vnß/O ir lieben fraynd die frembden vnd wunderperlichen ding wert ir mit euch haym bringen in ewer vatter land/so pringent auch mit eüch dise ding die wir euch zaygen wöllen/Nempt war yetz und ist es mittem tag vnd kerend ewer angesicht da die sunn auf gat Das thätten wir/Vnd als wir die augen auf hüben/Da sachen wir wie sy spera oder spreysen machet auff die lingken hand mer dan ain spann/Darpey wir wol ab namen das wir wider in der welt vnd zü rechten vnder vnserm land vnd erdtreych waren/Des wyr vnß ser verwunderten nach meines gesöllen vnd meiner raytung was es in dem brachmonet wan ichs nit mer aygentlich kund wissen die monet oder die tag wie ich im iar was/Alda ist gar klaine vnderschyd der hitz vnd költe weder bey vnß/Als wir der ding gnüg gesechen vnd er faren heten gelustet vns wider vō dannen zü keren wan wir müsten alle nacht in vnserm schiff wachen/damit wir nit über fallen gefan gen verkauft vn̄ auch gefressen wurden/deshalben sprachen wir zü den Christen/Das sy schyeffen das wir auff das füderlichest auß dy ser ynsel kemen vnd wider vmb korten gegen den landen vō dannen wir kumen waren/Doch ee vnd sich mein gesöll auß der selben ynsel schied kauft er vmb tausent pardey schmarald vnd zwen verschniten iüngling vmb zway hundert pardey/das send iung verschniten men schen denen die bayd nyeren vnd schwantz auß geschniten ist/Wann in diser ynsel seind kaufleyt die nicht anders handlend/Wann das sy iungen kneblein kauffend denen lassen sy auß schneyden vnd erzyech en sy byß auff fünfftzechen biß in achzechen iar/Vnd verkauffen sy dan vmb vil gelt.

⸿Capitel von vnser widerfart

Als wir nun fyerzechen tag in diser ynsel an mer orten im land vertriben heten/Vnd von grausamigkayt der menschen so fyr bas in etlichen landen vnd ynseln wonten/Auch von über grosser köl tin wegen so in den landen weytter gelegen gesagt ward/Gete rfften vn̄ wolten wir vns nit mer vnderston fyr bas zü faren/beryedt wir vns wider zü keren/Vnd bestalten gar ain groß schiff genant ain gi uncho/Vnd namen vnßern weg außerthalben der ynsel gegen dem auff gang/Wan auff der andern seytten ist mer schroffig/Darumb füren wir den sicheren weg vn̄ schifften fünfzechen tag/da kamē wir wider zů der stat Melacha beliben da drey tag/Da verharten die ersten unßre mit gesellen der mainung nach etlichen tagen sich auch zů keren gen Sarnau irem hayment/Also namen wir võ ain ander vrlaub mit ser grossem wainen vnd klagen/Vnd fyr war wa mich allain weyb vnnd kynd so ich anhayms verlassen nit darvon gezogen het/so wer ich auf gůt gelück mit inen gefaren in ir land/wan sy gar frum getrew vnd über reych kaufleyt waren/des geleychen sy zů vns auch sagten wa sy nit forcht hetten das sy nit ir land wider möchtē erraychen/woltē sy auch mit vns gefaren sein so grosse liebe vn̄ fraynt schaft heten wir gefangen zů ainand/wan sy auch haimlich wol võ mir vernomen hetten das ich ain christ im hertzen vnd kain hayden was/Vnd also styessen wir von land vnd füren in vnserm schyff gegen Cioromandel/Sagt vns der patron des schyffs wie vmb die yn sel Giaua vnd vmb die ynsel Sumatra bey acht tausent ynslen legen Aber zů Melacha ee vnd wir von dannen füren kauffet mein gesell vmb fünff tausent pardey allerlay spetzerey seyden vnd wol ryechen de war als bysem ambra vnd des geleychen/Das trůg wir in vnßer schyff vnd in dreyzechen tagen kamen wir in die ob genant stat Cioromandel darinnen wir vor malß auch gewesen waren vn̄ lüden da ab vnser schyf das wir zů giaua bestölt hetten vn̄ beliben da bey fyerzechen tagen/Namen darnach ain schiff des nent man Chiampana/vn̄ füren gegen Colon/Da fand ich zwen vnd zwaintzig christen portugaleser vnd gewan über grossen willen vnd begird zů inen zů flyechen/Wann mich hertzlichen ain mal zů besichtigen meyn weyb kynd fraind vn̄ vater land verlanget/vn̄ nit vnpillich gedacht mir du bist nun mer ainem andern geleych weyt genůg gefaren/yedoch belib ich verharten vmb des willen das ir so wenig waren/Vn̄ auch ain tayl von forchten wegen der hayden/Wann etlich haydnisch kaufleyt die da waren vnd mich kanten das ich zů mecha vnd auch bey dem grab machomets gewesen war/die wurden mich verraten wa sy mich bey den christen sechen wandlen das ich ain geleychsneter vnd nit ain rechter hayden wer/Vnd belib also verharren mit grosser inwendiger kümernuß wartend ayner andern glücklichen zeyt/Darnach über zwelff tag namen wir den weg gegen Calicut auf ainem flyessenden wasser/Vnd kamen dahin in zechen tagen.

¶ Capitel wie ich an der widerfart aber gen calicut kam

etlich zeyt da verzört hab.

So ir nun vernomen habt nach der leng in den vorgeschriben ca
pitelnn diß büchlins von mangerlay landen vnderschydlichayt
des lüffftes der völcker ires glaubens vnd sitten/ Auch der wylden vn̄
haymischen thyer/ Des geleychen der frücht der erden die ich mit vn
seglich grosser meiner arbayt müye vn̄ sorgfeltigkayt meines leybs vn̄
lebens ersücht selbst erfaren vn̄ erkündigt hab/ Als ain yetlicher gey
tiger leser wol ermessen mag/ Das sölliche mein ferre vn̄ lange rayß
sunder vil übler nächt vnd tag nit volbracht werden/ Vn̄ darauß ne
men mag/ Die grossen krafft vnd wunderwerck gottes/ Will ich für
bas schreyben von meiner wider fart auff das kürtzest was mir wey
ter begegnet ist/ Vnd in söllicher wider ker nit wenig not vnd sorg er
liten hab bis ich kumen bin in vnßre selige christenliche land/ Nach
dem vn̄ ich kumen was gen Calicut der stat vn̄ des gebrauchs etwas
kundtschafft het.

Hant ich darin̄/ zwen christē gepurd vō maylād waß der ayn Genant Johan maria d̄ ander piero anthonio/ Welche myt den Portugalyschē schyffen kumen warē das sy woltē kaufft haben

edel gestain in namen des kūnigs/ Als sy mir anfangs zū verston ga
ben/ Es was aber ain anders ir handlung als ir hernach vernemen
wert/ vn̄ als sy waren kumen in Cucin waren sy geflochen in Calicut
da ich sy sach mygt ir wol glauben das ich vō hertzen er freüd ward/
Sy vnd auch ich gyengend nackend nach gewonhayt des landes/ al
so fraget ich ob sy christen weren/ Antwurt mir Johan maria vnd

sprach ya/Also sagt ich nun seye got lob vnd danck/Vñ er nam mich bey der hand vnd fůrt mich in sein hauß/da wir in das hauß kamen halßten vnd küßten wir an ain ander waynendt vor frewden/ Mich kam aber meyn red vast hart an Vnd bedaucht mich wye mir mein zung nach der haydnischen vnd indianischen sprach wer grob worden/ Wan ich in fyer iaren mein geborne sprach nye geret het/die nachuolgend nacht belib ich bey inen vngeessen vnd gedruncken nycht anders thätten/Als mit ain ander reden von vnsern nöten vnd wunderparlichen dingen/vnder andern fragt ich sy ob sy mit dem künig zů Calicut in gnaden wären/Sagten sy wie sy mit den ersten vñ liebsten seinen dyenern gehalten weren/vñ alle morgen gen hof gyengen mit im zů reden/Ich fragt sy auch was ir gemyet vñ mainung wer zů Calicut zů beleyben oder weg zů zyechen/Da sagten sy mir wie sy nichs lieber auff erden thon wölten als wider faren in ir haymet vñ vatter land/Sy wisten aber kainen weg dardurch solichs beschechen möcht/sprach ich warumb nit durch den selben weg den ir her kumen seyt/sagten sy das ist vns nit müglich wan sy weren geflochen võ den portugalesi/ vnd der künig zů Calicut het sy genötigt zů machen vil geschütz wider iren willen/Des halben wer in nit mer zů zyechen die selben weg/wie wol sy in kurtzer zeyt gewarten weren des künigs võ portugals rüstung vnd kriegs volckes die da kumen solten auff dem mör/da sagt ich wan mir got so vil genad thet das ich möcht flyechen gen Cananor vnd so des kůnigs von portugals volcks da selbst hyn kem/Wolt ich so vil mit dem hauptman der cristen als ich hoffte vermögen/ Das er inen wurd verzeychen/Da sprachen sy das inen in ander weg vnmüglich wer zů flyechen/Wann es wer lautmer in vil künigreychen das sy geschütz künden machen/Vnd stölleten vil künig nach inen die sy gеrеn zů in prechten vmb ir künsten willen/Vnd also wurden sy allenthalben gefangen vnd auff gehalten/ sy sagten mir auch das sy gemacht hetten dem künig bey fyer biß in fünf hundert stuck geschütz groß vñ klain/des halben heten sy so grosse forcht vnd was in wol not wan sy das leben pillich verloren sollten haben/ sy heten auch fünffzechen mann des künigs lernen schyessen mit dem selben geschütz/Als ich auch auff ain stund bey in was zaygten sy aynem edlen/ Wye mann ayn groß stuck Püchsen myt allen Formen machen solle ob hundert Canter schwer/Es was auch da ayn Jud ayn Mayster Schyff zů machen/Als er Gar ayn schöne Galea

q ij

vnd fyer püchsen von eyßen darein gemacht het/ Der selb iud gyeng aines tags in ain wasser sich zu waschen die weyl ich da was vnd ertranck darin/ mit kürtz die gemelte zwen cristen vñ besunder der ain piero anthonio genant/ Gehüb sich zu mal übel vnd waynet manigmal bitterlichen mit entschuldigung das er das geschütz het nit helfen machen wider die cristen zu brauchen/ Besunder wider die hund die hayden vnd vngelaubigen das sy an ainander selbst darmit sölten vmb bringen/ Got wayß aber wol ir mainung ich laß also beleyben/ Aber der iohan maria saget mir ist gleych zu sterben zu Calicut als zu rom/ Got hat mir villeycht meyn end hye geordnet/ Als es tag ward sücht ich wider meinen mit gesellen/ Der verwundert sich mit klag wa ich die nacht gewesen wer/ Gab ich im zu verston wie ich die nacht in ainer muschea ist in ainer haydnischen kirchē verharret het vñ all die nacht got vñ dem machomet danck gesagt der güthayt das ich so glücklich wider kumen wer gen Calicut/ An söllicher meiner auß red was er benyegtg/ Da mit ich mich aber vō im vnder weylen verhalten möcht/ sagt ich im wie ich täglich die selben kyrchen nacht vnd tags wolt haym süchen wie mich mein andacht lernen wurd/ vn geleychßnet mich gantz ayn gaystlychen menschen wöllen werden vñ sagt im auch wie ich all mein leben lang fyrbas wolt willig arm sein vnd beleyben/ Kain gelt noch güt nymmer mer nemen/ In söllichen weg gedacht ich mir an meynen gesellen am aller fyeglichesten zu betryegen/ Wan sy von dero geleychen willigen armen groß vnd sy fyr haylig halten/ mit dem so gab er seinē willen darzü/ Also fyeng ich an meyn gestifte gaystlichayt vñ gleychsnerey aines hayligē hayden/ Wolt kaynerlay fleysch mer essen/ Wolt auch nit mer handlen mit den kaufleytē/ mich gesach auch nye kain man offenbarlich lachē elle tag gyeng ich in die kyrchen/ Dan allain so mein gesel nach mir schicket/ das ich kumen solt zum essen/ Der zürnet offt mit mir darüb das ich kain fleysch mer essen wolt so gab ich im dan antwurt fleysch were ain fürung vnd raytzung zu vil sünden/ Vnd also ward ich gehalten fyr gar ain hayligen hayden/ vñ der mensch achtet sich sälig ō mir mein hend vñ knye zu küssen kam/ aber wa ich dz haymlich zu weger bringen mocht/ verfyeget ich mich zu den mer genanten zwayen christen mit denen het ich alle nacht hennen kaponen/ Vnd was vns gelüstet.

¶ Capitel wie ich mich an nam ain artzet sein.

Jch begab ainer zeyt das ain reycher haydnischer kauffman zū Talicut kranck ward vn̄ nit stůlgeng in der selben seiner kranckhayt gehaben mocht/ Der schicket zů meinem mit gesellen der dann sein vast gůtter fraind was/ Vnd lyeß im klagen sein kranckhayt vn̄ forschen ob er oder yemant den er wißte im in seiner kranckhayt helffen möchten/ Also gyengen wir bayd mit ayn ander in des krancken hauß vnd fragten in seiner kranckhayt/ Da sprach er all mein kranckhayt besynd/ ich ligt mir im magen vnd vmb die brust bin ich hart beschwert/ Jch fraget in ob er auch frost het dar durch er in die kranckhayt gefallen wer/ Da sprach der kranck ich wayß doch von frost nit zů sagen oder was frost gehayssen ist/ mein gesell kört sich zů mir vn̄ sprach O iunus waystů yndert ertzney darmit du disem meinem gůtten fraind gehelffen magist das thů mir zů grossem gefallen/ also sagt ich wie das mein vater in meine haymant ain groß bewerter artzet wer vn̄ dem ich vil seiner practic gesechen het der kunst mir noch wol ain tayl ingedenck wer/ Da sprach mein gesell das hör ich geren vnd wir wöllen besechen ob disem meim lieben fraind durch dich geholffen wurde/ Vnnd ich sprach zům krancken/ Bitzmilet erechman erathin/ Vnd nam sein hand vnd begriff im die puls/ Befand an im das er gar ain schweres fyeber het/ also fragt ich in ob er auch haupt wee litte/ Sprach er ya vast vil. Forscht in mer/ Ob er auch zů stůl gen möcht/ sagt er mir wie das er in dreyen tagen der ding nit gepflegen het/ Zů hand gedacht ich mir disem man ist not zů raumen vnd vnder stond mych im zů helffen machet im ayn Ertzney der ich doch wenig bericht was auß ayren von zucker vnd saltz mit etlichen kreyttern der aygenschafft ich gar nit wyssett/ Lyeß im auß denen dingen in tag vn̄ nacht machē fünf trincklein/ wolt aber alles nichtz wircken Vnd geraw mich das ich mich des krancken vnder standen het/ Da ich sach das er noch kain stůlgang gehaben mocht/ nam ich ain bischelin von porcachie/ darauß macht ich bey ainer halben maß safft/ thåt darzů so vil öll ain tayl saltz vn̄ zucker/ das rüret ich durch ayn ander machet darauß ayn Christier/ Die solt ich gewermet haben/ Jch nam sy aber so kalt als sy was vndschůff mit seinem knecht Das er im ainen strick an bayde fyeß band/ vnd zoch in übersich auf das er mit den henden vnd dem kopff auf der erden stond/ Darnach truckt ich im ein die ertzney zům hyndern vn̄ lyeß in also hangen bey aynem fyertayl ainer stund.

Der arm
krand
Schray yber
laut/Matil
matile gnäci
a tupot gna
cia/Das iſt
Nit mer nit
mer ych byn
todt ych byn
tod Mein ge
ſell ſprach D
junus iſt das
alſo ſit in dei
nem Vatter
land/da ſagt
ich ya wan ain krancker ſo gar in nötten ligt/Sprach er zů mir es iſt
ain gůte mainůg alſo hangen ya wan es ain krancker erleyden mag
Ich ſtond all weg bey im vnd tröſtet in bis das ich ſach das in der tod
wolt nachnen/Aller erſt ließ ich in herab mit den fyeſſen zů der erden
võ ſtunden an würcket die ertzney oder die natur das es võ im ſchoß
oben vñ vnden als ſo ainem faß bayd böden auß geſchlagen wurden
bey nachent ain halber kübel vol/Nit wayß ich wes die ſchuld geweſ
ſen iſt/Aber den nachuolgenden tag het er nit mer fyeber noch haubt
wee aber noch fyr vnd fyr Etlich ſtůlgeng/Den dritten tag ward
ſein ſach gantz gůt/Wan das er klaget im theten die waden we Hieß
ich in nemen millich ſchmaltz vnd püffel ſchmer an ainander zerlaſ
ſen vnd ſich da mit ſchmyrben/Vnd gab im ordnung er ſolte nit mer
als zway mal des tags eſſen vnd darzwiſchen ſpatzyeren gon/Da
ſprach er O nonal irami biria birta gnancia tupoi/ſo vil geſprochen
wolt ir das ich nit mer als zway malen im tag eſſen ſol ſo bin ich bald
tod/Vnd des ſelben wolt er mir nit volgen/Wan ir gewonhayt iſt zů
acht od zů zechen malen eſſen im tag mit kürtz er ward gantz geſund
ſölichs pracht meiner geleychßnerey ain gůten glauben/wan er wolt
mir geben haben zechen ducatẽ da wolt ich kain gelt nit võ im nemen
Alſo ſaget manigklich ich wer ain fraind gottes vñ ain yetlicher der
mich darnach in ſeyn hauß pringen mocht mit im zů eſſen bedaucht

sich selig sein/selig schetzt sich auch d̄ wölcher mir möcht küssen hend vnd füß/ Das ließ ich alles beschechen/ Aber ob dem allem was mein gesell ain grosse vrsach der mir ain gelauben vnd rüff machet/ wan er selbst mir auch gentzlich meiner gaystlichayt gelauben gab/ Saget offenparlich das ich bey dem grab machomet vn̄ auch zū mecha gewesen wer/ Wie ich kain fleysch esse/ Vnd das er mich auff der ferren rayß vn̄ die lang zeyt also erkant het das ich on allen zweyfel ain hayliger man wer/ Er sagt auch wie er mir aine seiner lieben fraindin zū der ee zū geben versprochen het die auß bindig schön vnd reych were Die ich yetzund vmb gottes willen verlassen wolt/ Also glaubten alle menschen sölichs war sein/ des ich mich haymlich in meynem hertzē frewet/ aber gemainglich alle nacht gieng ich haymlich zū dē zwayen cristen vn̄ richtet mit in auß so vil mir noturfft waß in gūter geselschaft auf ain zeyt sagtē sy mir dz sy võ dem künig verstandē hetten daß warlichen zwelf schif portugalesi kumen weren gen Canonor daß mir auch ain hertzliche freüd pracht vn̄ mir gedacht nū wyrt es zeyt sein das ich flyech auß den hānden der hund/ Vnd nacht vnd tag betrachtet ich wie das beschechen möcht acht tag lang/ sy gaben mir rat ich solt mich auff dem land von dannen machen gen Canonor/ Das wolt mir nit gefallen/ Besorget ich wurde von den hayden ereylt oder bekant vnd zū todt geschlagen/ Besunder so ich weyß gefar vnd sy schwartz waren.

Capitel von neywen zeytigungen die zwen persianer brachtten gen Calicut.

Aines morgens als ich essen wolt mit meynem mit gesellen kamen gefaren zwen persianisch kauffmänner her über von Canonor/ Wölche er als seyne landtleydt keriffe mit im zū essen/ Dye gaben im antwurt/ Wir haben wenig lust vnd willen zū essen wan wir bringen böse mär/ da sprach er zū in was sagt ir oder was ist das so ir bringt/ Also sagten sy im/ es send kumen zwelf schif portugaleser wölche mir myt vnsern augen gesehen haben/ Da fraget sy meyn gesell was sy fyr leyt weren/ Sagten sy es seind Christen all gewapnet vnd angethon in lyechtrem harnesch/ Die haben angefangen zū bawen ain über starckes Schloß bey der stadt zū Canonor/ Da kort sich mein gesell gegen mir vnd sprach/ O Lunus was Volcks seynd die portugaleser dā gab ich im antwurt nit wölt mich forschen võ disem geschlecht wan sy send alles dieb vn̄ mör rauber ich wolt sy lieber sehen in vnserm machometischen gelauber/ Als er das hort was er vast übel zů můt/ Vnd ich so vil döster frölicher in meinem hertzen

¶ Capitel wie den nechsten tag die hayden ain ander in ir muschea oder kyrchen berüften.

DEn nächsten tag warden die mer lautpar in der gantzen stadt Da gyengen die haydē all in ir kyrchen zů volpringen ir gebet/ vn̄ es warden verordnet auf den turn ð kirchē wie dan ir gewonhayt ist drey oder fyer mal des tages etlich ire priester/ die darauf mit lautem geschray schryen zů berüffen die andern zům gepet die halten die fynger in den oren vnd sprechen also/ Alla u eccubar alla u eccubar aia lassale aia lassale aia alfale aia alfale alla u eccubar alla u eccubar leilla illala esciadu ana machumet resullala/ So vil gesprochen grosser got grosser got/ Kum zů der kirchen kum zů der kyrchen kum end zů loben got kumend zů loben got/ Got ist groß got ist groß got was vnd got ist machomet der pot gotes wirt wider erston/ vn̄ sy fürten mich mit inen in die kirchen das ich auch got biten solt fyr die hayden/ Ich thåt dem gleych als ob ich iren willen ernstlich vol brecht im hertzen aber wünscht ich gelück den Christen vnd vil sygs wyder dye hund die hayden/ das gebet der hayden ist in gemain wie vn̄ das pater noster/ sy stond all nach ainer zeyl als an ayner schnůr der selben zeyl oder stend seind vil/ so haben sy auch pfaffen vnder in/ Wölche nach dem vnd sy wol gewäschen send anfachen ain gepet zů sprechen mit disen worten/ Vngibilei nimi seithan ereg in bizimilei erachman erachinal hamdulile ara blaharami erachman erachin malicht la ū edmiiachie nabudu hiachie nestahimi edina sarathel mostachina ledina ana antha alyhin gayril magdubim aleyhim u ualla da lima min alla u eccubar/ Also thůt er sein gepet in gegenwirtigkayt alles volckes/ da sölichs beschechē was gieng ich wider haym mit meinem gesöllen vnd stöllet mich sam wer ich vast kranck hielt mich also bey acht tagen das ich nye kayn mal myt im essen wolt/ Aber alle nacht gieng ich zů essen mit den zwayen Christen/ So ich dan kam zů meine gesellen het er groß mit leyden mit mir fragt mich waß doch mein krankhayt wer/ da sagt ich im ich möchte nit anderst vrtaylen/ wan das mir der lufft gantz wider zåm worden wer/ Diser mein gesell het von liebe vnd trewen wegen die er zů mir het gethon was im zů thon müglich gewesen wer vn̄ ryet mir ich sole dē lust verwechslen vn̄ gen Canonor faren/Alda verzyechē bis wir wider in persia schiffen wurden/So wolt er mir füdernus geben an aynen seynen güten fraynd der mir geben solt alles das mir notturfftig wer/Da gab ich im antwurt wie mir das vast lieb vnd ebens wer wa ich nur gen Canonor kumen möcht so hoffet ich ayner grossen schweren kranckhayt zū entpflyechen So besorget ich mich aber meiner gestalt vnd farb halber vor den christen/Da sprach er zū mir ich solt nit sorg haben. Das ich nur all zeyt mich auff enthyelt in der stadt so bedörfft ich mir nit fürchten/Da mir ain fyeglicher tag kam vnd ich gesehen het alle Rüstung zū dem kryeg sampt dem geschütz vnd aller handlung/rüstet ich mich auff den weg das ich den cristen sollichs möcht zū wissen vn̄ warnung thon.

¶Capitel von meiner flucht auß Calicut

AInen tag vor ee vn̄ ich weg schied vō calicut ordnet ich was ich zū thon het mit den zwayen cristen/vn̄ mein gesöll thet mich in geselschaft d̄ zwen persianer die die newen mär bracht heten vn̄ bestöllet vns ain klaines schiff/solt ir mörcken in was sorg vn̄ geferlichayt ich mich begab/In der selben geselschafft waren fyer vnd zwaintzig kauflcyt alles Persianer Syrianer vnd Türgken/Wölche mich alle wol bekanten vn̄ mich vast lieb hetten/verstonden sich auch wol wölcher anschleg vnd fyrnemens die christen seynd zweyflet ich/Wa ich vrlaub von in neme möchten sy gedencken ich wölte von in flyechen zū den portugalesern/Solt ich in dan zū sprechen vnd mit vrlaub vō in schayden so möcht ich zū meinem vnglück aber vermeret vnd mir mein fyrnemen vnder kumen werden/Als ich was in sollichen gedancken beschloß ich in mir selbst das ich von dannen wolt vn̄ gegen nyemant nichtz sprechen/wan allain zū meinem gesellē/an ainem montag frye an dem driten tag des monetz december schied ich im namen gottes mit den zwayen persianern von dannen auff dem mör/Vnd als wir ongefarlich ainen armbrost schuß von dem land gefaren waren/So kamen auff vns geeylt an dem gestadt des mores fy nacri vnd forderten den Patron des schyffs vnd von stunden an müßt er zū lenden dem land. Also fragten sy den patron warumb fyerstu dyssen menschen hin weg vnerlaubung des künigs/Sprachen die persianer/Dysser ist ain hayliger hayden vnd nit auß ewerm gelauben vnd wir wöller faren gen Canonor/antwurten die nacri wir wissen

r

wol das er ain haylicter haydē ist er kan aber die portugalisch sprach
vnd wirt vnsern feynden sagen alles das wir thūn vnd machen/Vn̄
gepotten dem patron des schiffes das er mich auß sotzen vnd in kay-
nen weg weytter fyeren solt/ Das thet der patron sotzet vns all drey
auff das land.

Also be-
libē wir
ston an dē ge-
stadt des mō-
res vn̄ die na-
eri kortten wi-
der in die stat
an des kynigs
hoff/ Da spra
ch ayner vnd
er den persia-
nern/ Gang
wir wyder in
dein hauß gē
Calicut/ Da
sprach ich zū
in mit nichten nit wan wa ir das thond so verlyert ir die fünff stuck
sinebaph/ Seind thyecher von pomwoll gewürckt vast schön die für
ten sy mit in vn̄ heten dem künig den zol nit darvon bezait/ da sprach
der and persianer oher was werden wir dan thūn da sprach ich gan
gen wir ain weyl auf an dem gestat/ villeycht fynden wir ainen schif
man mit ainem parao das ist ain klaines schiflin der vns weg fürt/
Des waren sy willig vnd giengen also auff dem land allerzeyt an dē
gestat des mores bey zwelff meylen beladen mit den gemelten stucken
Mögt ir gedencken wie schwer meinem hertzen gewesen sey in sölich
er geferlichayt/Auff das jüngst ersachen wir ain schiflin dem wir zū
vns rüfften vnd ein sassen in das selb füren also mit gelück von stat/
vnd kamen an dem sambstag nach vnser auß fart gen Canonor/vō
stunden an trug ich den brieff den mir mein gesell gemacht het in des
kauffmans hauß/Mit dem befelch vnd bitten das er mich solt halt-
en als wer er selbst personlich da/So lang biß er hernach zū mir kem

Als der kauffman den bryeff gelesen het/ Da legt er den von im vnd
sprach zů mir das ich solt seyn ob im vnd mer in seynem hauß als er
selbst/ Ließ mir berayten ain gůt nacht mal vō hennen vnd heünern
Meyne gesellen dye zwen persianer sachen das vnd sprachen/ O we
was thond ir/ Colli tintuille/ Das ist/ Diser isset nit fleysch/ von stun
den an lyeß er mir andre speyß bringen/ Als wyr nun das nacht mal
eingenomen heten/ die gemelten zwen persianer sagten zů mir gang
wir ain weyl spatzyeren zů dem mör kurtzweylen zů sůchen vnd zů be
sechen die portugalischen schiff/ söllichs was mir hertzlich angenem
mir geschach vast we das ich mein fronlocken das ich het da ich an-
sach die christenlichen wolgerüste schyff ver drucken solt/ Gyeng also
fyrbas vnd in solichem vmbschawen/ sach ich in ainem nidern hauß
drey lere faß bedauchten mich gemacht sein vō den christen sach mich
auch vmb zů der selben thür/ Vnd sach darin sitzen etlich christen ich
ward hoch erfrewt vnd fyel mir in mein gedancken ich solt vō stund
en an hineyn zů in springen vnd flyechen/ Gedacht doch wa ich das
thet in irer gegenwürtigkayt so wurd sich all die stat bewegen zů auf
růr/ als dan möcht ich villeycht wid geben werde in die hend der hay
den vñ nit so sicherlich von dannen kumen/ Ich mörcket aber die stat
da die christen ir schloß pawten/ vnd nam mir fyr zů verzyechen bis
auff den nachuolgenden tag.

Capitel wie ich floch võ Canonor zů dē portugalesern

AM suntag morgens stond ich frye auff vnd sprach ich wölt ain
weyl spatzyeren gon/ Da sprachen meine mit geförten ich sölte
gon wa ich wöll myr bescheche nyendert layd/ Also gedacht ich mir
nun ist die zeyt das ich ain end mach meynem begirlichen willen vnd
fyrnemen/ Verfyeget mich da man pawet an dem schloß der christen
Vnd als ich ain klainen weg daruon was begegneten mir zwen chri
sten portugaleser/ Zů denen sprach ich/ O ir herren wa ist das schloß
der portugaleser ist es nit diß das ich hye vor mir sich/ Sollichs redet
ich zů in/ In portugalyscher sprach/ Das befremdet dye zwen chri-
sten/ Dye sagte zů mir was manns seyt ir vnd seyt ir auch ain Chri-
sten Da sagt ich ya herr/ Got sey gelopt vnd Maria/ Sy fragten
mich võ wannen ich kemc/ gab ich in antwurt wie ich kem võ calicut

r ij

Z vſtun-
den ſa-
get ayner zů
dem andern
get ir hyn zů
dem werck ſo
will ich diſen
mann in der
ſtyll fyerē zů
vnßerm ſtat
halter des ky-
nigs/alſo fü-
rt er mich zů
im in das ca-
ſtel oð ſchloß
wölches auf
ain halbe meyl von der ſtat gelegen iſt das mir ſer lieb was/Als wir
darein kamen was des ſtathalters ſun von portugal mit namen herr
Lorentz zů tiſch geſeſſen/Da ließ ich mich nider auff meine knye vnd
fyel im zů füſſen/Vnd ſprach zů im genädiger herr ich befylch mich
in ewer genad vnd ſchyrm das ir wöllend behütten mich armen chri
ſten man/Als ich alſo vor im ſtond ward er hört ayn auff růr in der
ſtat vn̄ geleyf vmb das ich geflochen was/vō ſtunden an warden ge
fordert die püchſen mayſter/das ſy all die püchſen ſo vil ir im ſchloß
waren laden ſolten zweyflent das die auß ð ſtat nit kemen vn̄ wid das
ſchloß ſtyrmen wurdē/bald ſach man aber das die auß der ſtat gema
cher thätten/da nam er mich bey der hand fürt mich in ainen ſal das
er mich möcht fragen von den dingen zů Calicut hielt mich alſo drey
tag mit im zů reden/vnd ich der da begirig was des ſyges der criſten
gab im alle ding zů verſton von der rüſtung die man machet zů Ca-
licut/Als er ſich genüg an mir erkündigt het ſchycket er mich auff ai
ner galea zů ſeinem vater dem ſtathalter des künigs von portugalia
gen Cucin/Wölches hauptman was ain riter mit namen iohan ſar
rano/So bald ich was auß geſtanden het der gedacht ſtathalter mei
ner zů kunfft groſſe frewd vnd thet mir vaſt vil eren auff. Wann ich
thet im zů wyſſen alle handlung zů Calicut/Da ich mich befand ſo
vil genad bey im haben/Bat ich ſeyn genad wölte verzeychen vmb

meinen willen dem piero anthonio vnd johan maria/Wölche vil ge
schütz gemacht hete zů Calicut vñ noch vil mer machen wurden wa
sy in den selben landen verharren myesten/das er in sicherchayt vñ ge
layt gebe wider zů im zů kumen so wolt ich sy mit dem selben betriffen
da mit den cristē nit noch mer schaden wider fyere so sy dorten bezwū
gen wurden fyr vnd fyr ir arbayt zů machen/der stathalter vernam
võ mir das sy mir zů calicut fraintlich gethon hete vñ schůf mir den
gelaytz brieff von stunden an zů machen/Vnd die hauptleyt der schif
vnd vnser richter versprachen fyr den stathalter/Am dritten tag schi
cket er mich wider mit der galia gen Canonor/Gab mir ain brief an
seinen sun/Das er mir solt gelt geben so vil mir notturfft sein wurde
zů bezalen die botschafft oder spechūg zů schicken in Calicut/Als wir
wider gen Canonor kamen fand ich ain edlen/der satzt mir zů pfand
sein weyb vñ seine kynd/Das er mir die botschafft vollenden vñ den
brieff antwurten wölt/den schycket ich gen calicut zů den zwayen cri
sten johan maria vnd piero anthonio/In wölchem bryef ich inen zů
verston gab vnd zů schicket das gelayt võ dem stathalter des künigs
vnd das inen verzigen vñ vergeben wer/deß halben sy wol sicherlich
kumen möchten/ Also schicket ich zů fünff malen hin vñ wider schrib
in in allen bryeffen sy solten iren weybern dero yetlichen aine het noch
iren gekaufften knechten nit vertrauwen/ Schriben sy mir aller zeyt
wie das sy geren kumen wölten/vnd auff den letsten brieff schriben sy
mir Ludwig wiß wir haben alle vnßre güetter geben disem potten/
Vnd auff die genanten nacht/So schickt vnß ain galea oder ain bre
gantin schiff da die vischer wonen wan es ist an disem end kayn hůt
vnd mit dem gefallen gotes so wöllen wir bayd kumen mit allem vn
serm gesind/sölichs was nit mein mainung oder schreyben besunder
das sy verlassen sollten ire weyber vñ ainen sun den iohan maria het
darzů auch ain verkaufften knecht/vñ allain sy mit irem güt vnd fa
render hab solten sich võ dannen machen/zů wissen das sy vast reych
waren worden vñ mechtig an güt vñ klainetern das ich ainen tayls
bey in gesechen hab namlich/Sy hetten ain dyemant zwen vnd drey
syg Carat schwer den man in vnßern landen verkauffen het mögen
vmb fünff vnd dreyssyg tausent ducaten/Sy hetten auch ayn perlin
von fyer vnd zwaintzig Caraten/Vnd bey zway tausent rubinen zů
ainem vñ zů anderhalben carat/sy heten auch fyer vnd sechtzig gul
din ring von güten stainen/ Darzů fyerzechen hundert pardey/So
x iij

wolten sy auch behalten haben siben püchsen drey mörkatzen vn̄ zwii zibeten katzen vn̄ ain rad darauf man die edlen stain schneyt vnd ba lyert also ir erkaufter knecht was võ calicut da er mörcket das sy wol ten flyechen/Gyeng er haymlich zů dem künig vnd sagt im alle ding was sy thon wolten/der künig wolt im aber nit glauben/ yedoch schy cket er fünff nacri in ir hauß das sy sollten bey in sein in gesellschafft Als nun der verkaufft knecht sach das sy der künig nit wolt tödten/ gyeng er zů den hayden auff ir rat hauß/ Saget in die mär von den christen wie er dem künig gesagt het/Vn̄ sagt in auch alles das man zů Calicut thůt das thond sy den christen portugalesern zů wissen/da beryeffet der Cadin oder oberst der haydnischen kaufleyt ainē rat võ alle den hayden die da waren/Die samelten vnder inen hundert du caten vnd brachten die dem künig von Giochi der da zů mal in Cali cut was mit drey tausent mannen der seynen vnd sprachen zů im/ O herr du wayst das wir dir die andern iar seyder du her kumen bist vil guts gethon haben vnd allzeyt thon wöllen/ Wiß es send hie zwen cri sten die vnserm gelauben vnd auch dem ewerm haß tragen/ Wölche alle ding was wir hye thůen den portugalesern kund machen/ Vmb des willen bytten wyr dich du wöllest sy ertödten vnd nym von vns hyn die hundert ducaten, võ stunden an schicket der selb künig võ Gi ochi zway hundert man das sy die gemelten zwen christen solten tod schlachen/Als die selben kumen waren zů irem hauß fyengen allzeyt zechen an zů blaßen ain horen als wolten sy das almůsen wye da ge wonhayt ist fordern/Als die zwen christen sachen das sich so vil volck es versamlen ward/Sprachen sy/Dise wöllend anders weder das al můsen/Vnd fyengen an mit in zů scharmützlen/ sölicher gestalt das sy zwen auß inen tod schlůgen vn̄ bey den fyertzigen verwunten/auff das jüngst dise giochi zochen etlich eyßen gemacht wie ain rädlin die zyechen sy wie ain schlingen/der ainer het getroffen den Juan maria ar sein haupt das er auf das erdtrich nid gefallen was/darnach lyef sen sy auf in vn̄ schniten im die gurgel ab vn̄ mit den henden trancke sy das blůt/sein weyb floch mit ire sün gen Canonor vn̄ ich kauft den sun vmb acht ducaten den lyeß ich tauffen an sant lorentzen tag vnd nant in laurentzius/ in dem selben jar starb er mir an d' kranckhayt der frantzosen/ ir solt auch wissen das ich die selben kranckhayt oder plag zů Calicut vnd bey drey tausent meyl enhalb Calicut gesechen hab/Wölche kranckhayt sy pua hayssen/vnd ist vil hefftiger vnd ver gyffet bey inen weder bey vns Sy sagend auch das sy da zů mal geweret het bey fünffzechen iaren.

Capitel von der rüstung vnd dem kriegs volck des künigs zů Calicut.

So ich vor etwas ain meldung gethon hab võ der rüstung des kẏnigs/Will ich sollichs weytter oder aygentlicher anzaygen/auf den zwelfften tag des mertzen kamen die mär in vnser schloß vñ in die stat von dem rumüren mit den cristen/vñ das der ain zů todt geschlagen wer wie sich das verlauffen het aber von dem andern piero anthonio kund ich nichtz vernemen/Vnd auff den selben tag kam vns auch kuntschafft/Wye sich die groß rüstung von Calicut het erhaben auff dem mör mit aynem vngelaublich grossen volck von Calicut von Panani von Capogato von Pandarani vnd von Tornopatan mit zway hundert vnd zechen schiffen/Vnder denen warend fyer vnd achzig grosse schiff die ander schyff mit rüdern als dye parao/Vnder wölchem kryegs volck auß der massen vil gewapneter hayden waren die tragen ire klayder rot farb abgenet mit pomwoll der massen das in kayn handbog geschaden mag/Sy tragen hoche parzet auff vnd arm zeyg auff den armen auch händschüch alles besötzt mit pomwoll/Vnd haben vast vil bogen lantzen spyes vnd rodellen vnd ain gůtten tayl handpüchsen wie wir/Als wir nun dyßes volck kumen sachen da was es auff den sechzechenden tag des vor gemelten monetz/vnd fyr war so vil schyff bey ain ander zů sechen mit den seglen bedaucht wie ain gantzer wald auff dem mör da her fyere Aber wir Christen hetten aller zeyt die hoffnung zů got er würd vns zů hylff kumen vnd vnß genad vnd syg verleychen wider die vngelaubigen hund vnd feynd seynes gelaubens/Der aller redlichest ritter vnd hauptmann vnßers kryegs volcks ayn sun herren Frantzisco Delmeda stadthalter des künigs in den landen India/Was gerüst vnd entgegen mit aylff schyffen vnder denen waren zwů Galia vnd ain pregantin/Als er sach ain so grosse mänig der schyff/Da thet er als ayn redlicher Mannlicher Hauptmann beryefft zů im alle dye Rytter vnd Knecht der gemelten Schyff/Fyeng an sy zů Ermanen vnd zů Bytten vmb lyebe wyllen Gottes vnd Chrystenlychs Gelaubens wyllig seyn zů sterben oder Rytterlychen Gesygen vnnt Sprach/O ir brüder heüt auff dyßen Tag Söllen wyr gedencken

r iiij

an das leyden christen vnsers herren gotes Wie vil er pein getragen hat fyr vnser sünd/die vns auf dē heyttigen tag wa wir riterlich streyten wider dise hund vnd seine feynd all verzigen seind/Des halben er man ich euch söllichs zu bedencken vnd ainen yetlichen zu thon so vil im got der allmechtig krafft vnd macht verlichen hat bis in den tod/ vn̄ manlich an zu greyffen des aller vnnützest volck vn̄ nit erschrecke ab irer mänig/wan mein getrawen vn̄ hoffen ist zu got vnd ewer aller manhayt/wir wöllen auf dē heyttigen tag got dem allmechtigen vnd vns ain ewig lob erwerben/Nach diser ermanung vn̄ red stond vnser gaystlicher vatter zu foderst auff das schyff oder naue des gemelten Hauptmans myt aynem Crucifix in seyner hand vnd thet auch ain schöne red zu in allen ermanend/Vnd da rauff absoluyert er sy von pennen vnd schulden/Vnd sprach nun wol an mein lieben gebrüder vnd sün seyt manlichs gemyettes vnd zweyfel kayner got wirt mit vns seyn/Ab söllicher red vnd ermanung warden wyr den mertayl waynen vnd rüfften zu got das er vns gnädig wer.

Und ich gelaub warlichē das yr wenig da ewe sen seyen dē der tod vn̄ das leben nyt gleych geachtet sey wordē vn̄ nun grymigklich an sy wz aller vnser begerē/in sölich er weyl kam das großmechtig volck der hayden vn̄ vnglaubigen auff vnser ort zu über faren/vn̄ auf die selb zeyt schyed sich auch vnser hauptman mit zwayen schyffen von vns gegen den hayden vnd für zwischen zway schiff die dann die grösten waren die sy hetten vnder aller irer rüstung/Als er in die mitten der schiff kam arbaytten sy sich vnd schussen zu samen/Das thet vnßer

hauptman zů erspechen die ordnung der selben zwayer naue/wan sy
heten die grösten paner vñ er mörcket auch das darauf waren die fyr
nemsten vñ die hauptleyt des gantzen volckes/ Also ward den selben
tag nit weyter gehandlet oder fyrgenomen/den nachuolgenden mor
gen vast frye zugen die hayden auf allen schyffen ire segel in die höch
schyfften gegen d stat zů gen Canonor vñ schickten zů vnser m haupt
man er solt sy fyr faren lassen vnd iren weg zyechen/ Wan sy wolten
mit den christen nit streytten/ Vnser hauptman ließ in sagen die hay
den zů Calicut haben vnser fraind vnd prüder die cristen zů Calicut
nit wöllen lassen wider keren auff ir sicherhayt vnd gelayt/ vñ haben
der vnsern acht vñ fyertzig man tod geschlagen inen ob drey tausent
ducaten an gelt vnd geltz wert leyb vnd gůt genomen/ Des halben
so farend fyr ob ir mügt ir myest aber vor gewar werden der krafft
vnßers gekreytzigeten herren gotes vnd was die christen seine diener
fyr leyt seind/ Da antwurten die hayden/ Got vñ vnser prophet ma
chomet beschirm vnß vor euch christen/ Mit dem fyengen sy an ire se
gel auff zů richten auff das höchst mit grossem eylen/ vnd wolten üb
er faren aller zeyt schifften sy dem land oder gestat nachent bey acht
oder zechen meylen/ Vnser hauptman thet gemach wolt sy kumen las
sen biß gegen der stat Canonor über/ Das thet er darumb das er den
selben kunig der zů Canonor das alles sechen möcht kund wolte ma
chen/ Was hertzens vnd manlichē gemyetz die cristen weren/ Vmb
mittag zeyt er hůb sich der wind ain wenig frischer/ Da rüfft vnser
hauptman/ Nun dar mit gelück all ir lieben prüder yetzund ist es an
der zeyt wir all seyen ritter vnßers herren/ Mit den worten rucket er
von stat an das ort da die vor genanten zway grosse schyff fůren vnd
griffen sy kecklichen an/ Da ward ain sollich gethöm auff iren schif
fen von pfeyffen vnd instrumenten nach irem sitten das es ain wun
der was zů hören/ so bald hefftet sich vnser hauptman in das grösser
schyff vnder den zwayen/ Die hayden warffen die ketten zů drey ma
len wyder ab vnd zů dem fyertten mal belib sy hafften/ Von stunden
an sprungen vnßre christen in das gedacht schiff/ Jn wölchem bis in
die sechs hundert hayden waren vnd ward darinn ayn graussamer
streyt vnd plůt vergyessen/ Söllicher massen das auff disem schyff d
hayden nit ainer lebend daruon kam/ Eylend für vnser hauptman
weyter vnd sůchet das ander schyff/ wölches die christen auch behaft
hetten mit ketten vnd was da selbst auch ain hefftiger streyt/ Also daß

g

auf dem selben schif tod beliben bey fünfhundert hayden/so bald die selben zway gröste schif nider gelegen gefangen vn ir mayster tayl d haubtleyt darauff erschlagen waren worden/ Da zertaylten sich die andern schiff alle von ain ander/des gleychen auch vnsre aylff schiff eylten nach der massen Das mermal vn etliche der vnsern aines m t fünfzechen od zwaintzig schiffen streyten müst/ Da was ain hüpsch zü sechen vnd besunder von ainem ritterlichen hauptman genant johan sartano/Wölcher mit ainer galia wunderparlich grausamigkayt wider die hayden begyeng/die was vmb gekört vnd het vmb sich rings weys bey fünfftzig schyff der hayden mit remen vnd geschütz denen allen er über grossen schaden thet/ Vnd mörckent das wunder werck gotes das in vnßern galia vnd schiffen vnder vnß christen allen nit ain man erschossen oder tod geschlagen ward aber vil verwüt Vnd das schlagen verzoch sich vnd weret den selben gantzen tag/vnser bregantin schiff kam in sollichem schlachen ain mal zü ferr vo den andern vnsern schiffen/ vo stunden an ward es vmb geben mit vyeren der hayden nauili oder schiffen dem lag es so hårt/das auch auff das selb vnser bregantin fünffzechen hayden kumen waren vnd war den die christen hyndersich im schif getriben in die poppen des schifs Als ain redlicher hauptman mit namen symon martin sollichs ersache kam er den Christen zü hilff/Vnd sprang vnder die hund die hayden/Vnd schry o hert Jhesu Christe thü hilff vnd gib syg deinem gelauben/Mit dem schwert in bayden händen gefasset schlüg er der selben hayden sechs oder siben zü tod/ die andern lyessen sich in das mör vnd fluchen oder schwumen daruon so ferr sy mochten/ So bald die hayden sachen das vnser bregantin wider syg hette/ Füren sy zü mit andern fyer schyffen vnd sprangen zü den iren/ Der hauptman des bregantins/Da er sach die selben nachnen Bald nam er ain lågel in der dan püchsen puluer gewesen was vnd ain trum von ainem segel thüch schob er zü ainem spunt loch hinein vnd beseet die lågel mit ainem hande fol püluer/Stond also mit dem feür in den händen erzayget sichsam er wolt ain püchsen ab schyessen/Als die hayden das sachen vermainten sy nit anderst wan das es ain püchs wer/Vnd korten eylend wid vmb/Also für der gemelt hauptman auch wider hynder sich zü den christen mit syg vnd triumph/ Vnser redlicher vnd manlicher hauptman het kain rast vnd thet sich wider vnder die schiff der hayden dero auff dysen tag namlich neüne oder zechne versenckt wur

den vnd zů grund gyengen/etliche vil sampt den zway grosse gefang
en vnder wolchen auch siben schiff reych geladen mit spetzerey vñ an
der kaufmanschafft erobert wurden/Auch gyeng zů grund ain groß
schif geladen mit helfanden/Die aber ainen gůten tayl auß schwum
en auff das land/Also warden die hayden zerstrewt allenthalben im
mör/Da sy sachen die zway grosse schiff mit iren obern hauptleytten
gefangen vnd tod geschlagen/Der andern schiff so vil ertrenckt sein
namen die flucht hin vnd wider auff das land vnd in die portten des
mörs/In söllichem samelten sich vnser schiff wider zů samen/Vnd
da vnser hauptman sach die selben vnschadhafft vnd vnß noch von
den genaden gotes den maysten tayl gesund sein/Sprach er nun seye
got der allmechtig gelobt/Da ist noch nit zů feyren wir wöllen nach
volgen den hunden vnsern feynden Also volgeten im alle schiff nach
Da het man gesechen ain dapffer flyechen von den hunden als ob ir
hundert naue vñ galia weren auff den helsen gefaren/vñ dises schle
chen fyeng sich an nach mittag vnd weret bis auff den abent/Dar
nach die gantzen nacht ward in nach gefolgt/also das diß kriegs vol
ck geschlagen ward vnd vns kain man auß sůnder gnad gottes nye
vmb kam/vnder anderm so eylten etliche d vnsern schyff aine grossen
haydnischen schyff nach das begriffen sy zů letst/Vnd ward gefang
en/Die hayden lyessen sych aber all in das mör zů schwymen/Die sta
chen wir zů mit lantzen vnd schussen der zů tod so vil wir mochten er
raychen/Aber etlich beschyrmbten sich mit dem schwymen bey zway
hundert mannen die fůnfzechen bis in zwaintzig meyl schwumen vn
gelaublicher massen/Bey weylen ob dem wasser vnd bey weylen dar
vnder vnd das wir mainten ir etlich weren tod/So gyengen sy dar
wider auf im wasser aines armbrost schuß weyt võ vnß/so wir kamē
neben sy vnd sy wolten erstechen/so tauchten sy sich wider vnder das
wasser/Vnd vns gedaucht das selb das grössest wunder das sy sölich
arbayt im wasser erleyden möchten/wie wol wir auch vil ertryncken
sachen so sachen wir doch dero ain grosse mänig an das land kumen
die naue aber die wir gefangen heten was so vast schadhafft worden
von dem geschütz das wirs nit weyter bringen mochten die gyeng zů
grund/des nachuolgenden tages schycket vnser hauptman die galia
vñ das bregantin mit etlichen andern schiffen auff ain ort des gestat
tes an dem mör zů besechen dye todten körpel der hayden ob Man sy

s ij

gezölen möcht Ba sand sich das in der schlacht zů todt geschlagen vn̄ ertruncken waren drey tausent vnd sechs hundert mann/ Das alles m ocht vn̄ thet der künig zů Canonor mit seinen augen sechend sprach/dise christen send behertzt vnd manlich leyt vnd ich selbst bin mein tag in vil streytten gewesen/ Aber dises volcks gleych hab ich nye mer gesechen/ des andern morgens kom̄ wir wider zů vnserm des künigs statthalter der was zů Cucin der vnß mit grossen frewden enpfyeng mit sampt dem künig zů Cuzin/ Der dan auch ayn besunder grosser feynd der hayden vnd des künigs von Calicut ist/ Aber ayn gůtter fraind des künigs zů portugal.

¶ Capitel wie ich her wider von des künigs statthalter gen Canonor gesandt ward.

Gnůg sey gesagt võ dem krieg vn̄ võ der li öleg des krye gs volcks des künigs võ Ca licut/ Fyrbas will ich sagen võ meinen ge schefftē/ nach dē vn̄ drey mo net vergang en ware gab vnnd befalch mir der stad halter ain ampt der tayllung gehayssen/ In dem selben ampt was ich ans halb iar/ Als ich etlich monet bey im beliben was schicket er mich wider gen Canonor/ Wann täglich kamen vil kaufleyt von Calicut vnd namen gelayt von den Christen/ Vnd gaben zů verston wye sy von Canonor weren Vnd das sy wollten faren nyt den selben schyffen das dan nit die warhayt was/ Deshalben schicket mich der stat halter dye Kaufleyt zů mörcken vnd im das zů verston geben/ Begab sich das in diser zeyt der künig zů Canonor starb vnd ward ain ander gemach/ Der vnser der christen vast grosser feynd was vnd S künig von Calicut machet in künig mit gewalt vnd lich im fyer vnd zwaintzig grosse geschloß/Vnd im iar tausent fünffhundert vnd syben iar auf den sibenzehenden tag des monetz abrello erhüb sich ain hefftiger krieg/vñ weret bis auf den sechzehenden tag augusto/was not vnd arbayt wir erliten wert ir wunder hören/Als die cristen auff ain tag wolten wasser hollen in daß schloß von ainem brunnen aineß armbrost schuß weyt gelegen von dem schloß/Wan in dem schloß ist nit wasser/Da sprangten die hayden die vnßern grymigklichen an/ Also das die vnsern wid hinder sich weychen müsten in die befestigüg Auff den selben tag beschach nicht sunders auff kainem tayl/Eylend thet ain hauptman mit namen laurentzo de britte dise mär kund dem stathalter in Cuzin/Da kam her laurentzo mit ainer Carauella ainem schyff also genant gerüst nach aller notturfft/über fyer tag darnach für er wider gen Cuzin vnd wir beliben da verharten zu scharmitzlen mit disen hunden/wie wol vnßer nit mer was als zway hundert/So het wir doch all manlich gemyet vnd wir müßten all zeyt in der wuchen zway mal wasser fyeren von dem gemelten Prunnen so offt wir vmb wasser kamen müst wir das aller zeyt hollen mit gewapneter hand vnd mit in scharmützlen/Bey weylen vnd zum wenigisten lagen gegen vns fyer vnd zwayntzig etwan dreyssyg bis in fyertzig tausent man mit mer als hundert vnd sechtzig stuck püchsen groß vnd klain/ir ordnung was das all mal bis in drey tausent man gegen dem schloß kamen mit pfeyffen sayten spillen vñ vast großem gepracht/Besunder auch mit gemachtem feür werck/Das sy möcht en erschreckt haben zehen tausent man/Aber die redlichen vnd manlichen christen zugen auß vnd suchten sy enhalb des prunnen/Vnd sy bedorfften sych nye beym Schloß fynden lassen oder darzu genahen bey zwayen stayn wurffen/Wyr müsten vns wol versachen fornen vnd hynden da myt wyr nit vmb geben wurden/Wan etliche mal kamen dye hayden auff dem mör gefaren mit fyertzig schyffen vns zu fassen in die mitte/vnd täglich erschlügen wir in zehen fünfzehen oder zwaintzig man/So bald sy aynen oder mer der tren sachen todt ligen von stunden an gäben die andern die flucht/Auff ayn zeyt traff vnser püchsen aine in den hauffen vñ schoß der hayden achzehen zu tod in ainem schuß/Aber ir geschütz beschediget vnß nye kain man wie wol sy vil geschütz hetten wie vor daruon gesagt ist so kunden vnd gethurten sy doch nicht darmit vmb gon/Sy sagten wir het

s iij

ten den teyfel bey vns der vns also beschyrmet/ Vnd dyßer kryeg vor dem schloß hort nye auff von dem mayen bis in den augusto das wir vns groß mit in erliten vn̄ besunder vmb wasser vnser essen was reyß zu gter vnd nussen/ Darnach kam die rüstung vnd das kriegs volck von portugal dero hauptman vnd fyerer was her tristrant vō Cugna/ Auf das selben zū kunfft in Canonor thet wir im zaychen wie wir not liten mit den hayden/ Dem nach schüff der fyrsichtig hauptman das sich wapneten in lyechten harnesch drey hundert güter ritter/ vn̄ knecht schycket vns die zū rettung/ So bald die auß stonden auß den schiffen an das land woltē sy die stat Canonor angezynt vn̄ verprāt haben/ Wa vnser hauptman nit gewesen wer es vns fyro an hart gelegen/ Wan wir fast myed waren worden vnd ayn tayl wund/ Aber da wir bey vns heten vnser gerüst güt volck fyeng wir wid ain hertz vnd erquickung/ Vnd als die hayden sachen vnser neüwe hilff vnd vnser volck schickten sy zū vns ir botschaft ainen herren was genant Mamal Maricar der fyrnembst vnd reychest man der gantzen stat vnd begeret frid von vns Auff söllichs schickten wir eylend zūm stathalter in Cuzin vmb beschayd was zū thon wer/ der enpot vns wider wir solten frid mit in machen/ Das thet er vmb des willen das er die schif mit kauffmanschafft reüwigklichen laden vnd in portugal schicken möcht/ dem selben nach beschlossen wir ain frid vnd das wir wider sicherlich zū ainander wandlen mochten/ Nach fyer tagen kamen zū vns zwen kauffman von Canonor/ Die waren vor dem kryeg gar mein güt fraind gewesen/ Sprachen zū mir/ Factore on maniciar inghene ballia nochignan Candile ornal pa tu maniciar patance manciar hirinatu maniciar ciatu poi nal nur malabari nochi ornal tottu ille eurapo/ so vil gesprochen/ O factor zayg mir den man der da wol vmb ain arm lenger ist weder ain ander wölcher alle morgen vnder vnß herauß gelauffen ist vn̄ hat vnß zechen fünfzechen vn̄ etwan zwaintzig man der vnsern tod geschlagen/ Vnd er ward auff ain tag vmb sötzt mit fyer bis in fünff hundert söldnern die all zū im schussen vnd stachen. Aber ir kainer mocht oder kund in belaydigen/ Gab ich im antwurt/ Jdu maniciar nicandu inghene ille coccin poi So vil diser man ist nit da ist gen Cuzin gefaren/ Darnach gedacht ich mir das dises nicht anderst gewesen wer als ain engel vns zū hilf vnd trost von got dem allmächtigen gesant vō hymel oder vnser her Christus selbst vnd sprach/ Giangel in gaba immanaton indu/ Ante

wurt ir ainer/Jdū maniciar ni Cando portugal ille/Sagt ich/Ta-
merani portugali idu/Sprach er/Tamerani in patanga cioli ocha
malamar parangnu idu portugale ille/ Ist so vil gesprochen/Mein
fraind kum her/Diser ritter den du gesechen hast ist kain portugale-
ser aber er ist ir got vnd ain herr aller welt/ Da sprach er bey got dū
sagst die warhayt/Wan also sagten auch all vnser naeri vn kryegs
leyt das er kain portugaleser/besunder ir got selbst wer vnd ain star-
cker got weder der ir/Vnd der got der portugaleser ist ain gütter got
Zū zeytten wan wir lautten vnßer glogken was in vast ayn frembd
ding wan sy haben nit glogken/So stonden vil man zū zūsechen vnd
zū hören vnd sprachen etlich/ Jdū maniciar tottu idu parangnu tot
ille parangnu ille/ Die zyechend die glogken vnd sy redt mit in/Vnd
so sy nit mer zyechen so redt sy nimer/ bey weylen stonden die hayden
bey vnser meß vn wan der leychnam vnsers herren auff gehept ward
so sagt ich diß ist der got d portugaleser vn allain ain herr der gantzē
welt/ So sprachen sy es ist war wir kennen in aber nit/ Gaben gar
ain seltig antwurt zū sölichē dingen als sy fyr war vnbericht vnuer-
standen vnd der mertayl ain vnuernünfftig volck ist/Es seind aber
wol vnder in gescheyd böß listig leyt die groß zaubrer seind/Wir cri-
sten haben auch gesechen das etlych dye bösesten vnd vergyfftesten
schlangen beschworen vnd sy auff hüben on allen schaden die sunst so
sy ain mensch beyssen on alle hilff rodt geligen/So seynd auch bey in
die geredesten vnd behendesten springer glaub ich die man nyendert
fynden mag. ¶Capitel von vnserm auf ston vnd schlach
en wider die inwoner der ynsel Panani.

Noch was übrig ayn gegend vn ynsel gar aynes bösen volckes
genant die panani/Mit wölchen der stathalter vil anstöß vn
widerwertigkayt het vn mer als mit kainem andern volck in india
die vermainet er auch zū straffen die weyl er sein volck vn rystūg ver
samlet het/vn d gemelt stathalter mit allem seynē volck richtet sich in
liechten harnesch in ordnūg also das wenig volck zū Cuzin belib/auf
den fyer vn zwaintzigisten tag december im achten iar der mynder
zal sprangen wir auß auf das land panani in d portten vor der stadt
zwū stūd vor tags/eylent berüfet d stathalter all sein ritter vn knecht
die in dem schif ware/ vn klagt inen wie im vō disem volck vn auß di-
ser stat mer laydes vn schadens bewysen wurd wed sunst auß kainer
in allem india/ vn bat sy all so gūt willig zū sein im dise hund helffen

s iiij

straffen vnd dyemüttygen oder gar außreytten/Als auch dyße port vn̄ gelegenhayt das störckest ort was an dem selben gestat des mores Nach dem thet auch vnßer gayſtlicher vatter ain ſchöne red vnd ermanung darab der mertayl des volckes wayneten vnd all sprachen das sy berayt weren zū ſterben vmb den namen chriſti vnsers herren Auff den montag den selben tag heten sich die hund verſamlet eylent an das geſtat der portten bey acht tausent man/ Vnd gegen vns gericht bey fyertzig ſtuck püchsen dye ſy all auff vnß ab ſchussen/ Aber vō den genaden gotes nyemant beſchedigeten/Vnder wölchem volck als vns von ainem gefangen gesagt ward waren fyer vnd fyertzig man hayden vnd patronen der ſchiff/ Die da geſchworen hetten bey ain ander zū ſterben oder ſyg zū erlangen das in aber vnder ſtanden ward von den gnaden gotes/Alſo ſprangen wir kecklichen vnd manlichen vnder ſy vnd erſtachen vn̄ tod ſchlůgen ir hundert vn̄ fyertzig man in dem erſten an lauff/ Jch ſach auch warlichen das her lorentz mit ſein ſelbß hand ſechs mann zū todt ſchlůg/ Vnd im warden zwū wunden mit andern vil die verwunt wurden/ Vnd vnßer waren nit mer in diſem ſchiff vnd ſcharmützel als ſechs hundert man/ vnd der erſt man auff das land was her lorentz ain ſun des ſtathalters von des manlichayt vnd gütten datten vor vil geſchriben ſtat/ Nun heten wir noch hinder vns zwū galia die sich aber nit ſo nachent zū dem geſtat vnd in dye ſelben engen portten thon mochten/ yedoch auß groſſem irem fleyß vnd gütten willen ſötzten ſy das volck in klayne ſchyfflein dye ſy mit fürten/vn̄ brachten die auff das land/ſo bald die feynd vn̄ hund des ſelben war genomen hetten zochen ſy sich wider hynder ſich verlyeſſen vns in der portten/wir getorfften aber nit lang da verharren/Wan die port was vaſt eng vn̄ lyeff das waſſer die ſelb ſtund ab/ Vnd ſy fyengen an sich zū hauffen vnd allenthalb zū zū lauffen das vns nit lenger zū verzyechen was/ Alſo verprantten wyr in drey zechen ſchyff in den portten den mertayl groß nane/ Verprantten in auch ſo vil heüſer als wir erraychen mochten/Nachend darbey auff aynem platz an dem geſtadt des Mores machet der ſtadthaltter er wan vil Ritter.

Under welchē
er mych auß
seinen genad
en auch zū rit
er schlūg/dar
nach berūffet
der stathalter
alles volck wi
d in die schiff
Vnd von den
genaden got
tes hetten wir
kainen mann
verloren vnd
fūren wider
gen Cananor/Da selbst ließ vnser haptman das schyff wider verse
chen mit speyß vnd aller notturfft.

¶Capitel was landes vn̄ ynsel ich gesechen hab in ethi
opia auff der widerfart von Cananor gen Lisabona.

IN sōllicher zeyt hetten auch geladen etliche schiff ir kauffman
schafft die rusten sich zū faren in Portugal/Auf die ich mit gro
sem verlangen verzogen/Vnd was yetzund in dem sibenden iar daß
ich mich von meiner haymant von weyb vnd kinden vn̄ meinem vat
ter land geschayden het/ Fregt mich zū meynem herren dem haupt
man herren lorentzen erlaubung ayn malen haym zū faren von im
zū bitten/das er mir genādigklich gab/Ich sagt im danck seiner wol
that vnd gnaden die er mir gethon het vn̄ saß in das schiff/im namen
gottes namen wir den weg gegen ethiopia der gegent/Auff den sech
sten tag december über ain cholffen des meres über zū faren bey drey
tausent meyl weyt/Vnd kamen zū ainer ynsel genant/Mozambich/
Die ist des künigs von portugal/We wir zū der selben kamen/Sach
en wir vil land vnd ynslen die vnder dem selben künig seind/In wōl
chen landen vnd stōtten er gūt besestigung vn̄ schlōsser gepawen hat
Besunder in Melindi dem künigreych das darvor der vicere od stat
halter in grund verprynnen ließ/Vnd inchilua hielt er dazū mal ain
besestigung/Vnd ains ließ erpawen in Mozambich/Auch in Zapha

L

la ain faſt gůt ſchloß Jch fyr gang nit pillich die gůtten vn̄ redlichen gethaten des treffenlichen hauptmans herren triſtrants võ Cugna/ der da als er in india kam mit groſſer fyrſichtigkayt ein nam die ſtöt Gogia vnd Pati/Auch die ſtarcken ynſel/Braua mit ſampt der yn ſel Sacutera/ Jn wölcher der künig von portugal vaſt gůtte ſchloß innen hat/Die krieg ſo da ſelbſt geweſen ſeind ſchreyb ich nicht von/ Wan ich nit darbey geweſen bin/ Jch geſchweyg auch zů melden vil hüpſcherland vnd ynſlen fyr die wir gefaren ſeyen auff dyſem weg/ vnd wölchen auch iſt die ynſel Cumere mit ſechs andern ynſlen vmb ſich/ Jn denen auch imber wächſt vnd vaſt vil zugker gůt frücht vn̄ fleyſch in genůgſame.

Capitel võ der ynſel mozambich vn̄ võ iren in wonern

Etwas weytter zů ſagen von der ynſel Mozambich auß der ſel ben vn̄ auß Zaphala der ynſel der künig võ portugal ain groſſe ſuma goldes vn̄ von öl iärlichen auf höbt/das wirt võ dem land dar gepracht/ Jn diſer ynſel beliben wir fünffzechen tag vn̄ ſy iſt nit vaſt groß/ Jre in woner ſend ſchwartz leyt vn̄ arm volck hat wenig ſpeyß wan was in võ dem land zů geſyert wirt das nit ſer weyt dar no gele gen iſt/Alda iſt aber ain vaſt gůte porte des mores aines tags gienge wir ſpatzyeren auf dem land der ynſel zů ſechen die gegent/da ſachen wir das geſchlecht des ſelben volckes was alles ſchwartz vnd nackent auß genomen ob der ſcham trůgen die man ain hültzine rynden vnd die weyber ain groſſes laub vmb ſich gepunden vnd ains da hynden Sy hetten krauſſe har nit lang ayn groß angeſicht vnd dye lefftzen zwayer fynger brayt mit groſſen zenen weyß als der ſchnee/Sy ſeind auch vaſt ſchewch leyt beſunder ſo ſy ſechen gewapnet man/Da wyr ſachen diſes vichiſch volck vnd ir ſo wenig vnd das ſy ſo gar zů nicht en oder vnwerlich waren/Thetten ſich vnſer ſechs zů ſamen in har neſch mit gůten hand püchſen/Namen mit vns ainen kuntman der ynſel der vns durch das land fyeren ſolt/Alſo gyengen wir ain gůtte tagrayß in dem land hyn vnd wider/Da ſachen wir vil helffant bey ain ander/Vnder wiſe vns der landtman das wir ſolten nemen dür re höltzer vnd angezynt in den henden tragen/ Die aller zeyt flamen geben da mit wir nit angelauffen wurden von den gemelten helffan den/Aber ain ſtund fanden wir drey helffand weyber die iunge heten mit in lauffen die iagten vnß auff ainen berg da warē wir ſycher/vn̄ auff dem ſelben berg gyengen wir bey zechen meylen/darnach gyeng wir auff wartz an ainem andern ort/da fanden wir etliche höler an vnsern wid keren/das volck diser ynsel hat ain über frembde sprach was sy reden das thond sy mit grosser arbayt vn̄ ich meyst mich zwin gen solt ich euch zaygen die stöllung ires angesichtz vnd das wyetten mit iren gelidern so sy reden/Vast dem geleych als so die maulthrey ber in sicilia hinder den maultyeren schreyen vnd sich yebend die tyer vor in von stat zů bringen/Also ist das reden dises volckes/Vnd mit vil deytten der gelyder versten sy an ain ander/Vnser kundtman fra get vns ob wir wollten kauffen etlich kye oder ochsen so wollt er vns ain gütten kauff schaffen/Sprachen wir hetten nit gelt zweyfleten sy verstende sich nit mit den thyeren war oder andre gyeter zů machen/ Da sagt er ir bedürft nit gelt darzů sy haben mer goldes dan ir hapt Wan nachend hye bey wachst in gold das sy vil fynden in der erden vnd in ainem wasser/Fragten wir vnsern kundtman was wöllen sy dan darfyr haben/Da sprach er in lyebend klaine scherlein auch glög leyn vnd schöllen fyr ire kynder/Darzů auch etwas von thůch zům vmb binden scharsach vnd des geleychen gattung/Antwurten wir/ Ainen tayl von disen dingen wöll wir in wol geben/Doch das sy die kye füren an das gebyrg/Saget vnser kundtman ich will euchs nach en fyeren zů oberst auff den berg aber nit weytter wan sich diß volck nit weytter bringen laßt/Sagt mir allain was ir in geben wölt/Vn ser gesell ainer was ain püchsen mayster der het mit im ain schermes ser vnd ain schellen/Sprach er diß will ich im geben/Vnd ich da mie ich ain fleysch gehaben möcht zoch mein hembd auß sprach ich wöllt in das auch geben/Als der kundtman das sach sprach er/vn̄ wer wirt aber so vil vichs zů dem mör fyeren/Sprach mein gesell so vil sy vnß werden geben so vil wöllen wir wol võ stat bringen/Also nam er die ding von vns vnd gabe die fünf oder sechs mannen vnd verordnet dreyssig kye darfyr zů geben/Also gaben sy zaychen her wider wie das sy vns wollten gebē fünffzechen kye die name wir wan vnß bedaucht gnůg tewr verkauft haben auß genomē das sy kain datz bezalen dörf ten/võ stunden an fürten sy vnß die fünffzechen kye zů oberst auf den berg die namen wir/vn̄ als wir ain wenig võ in hyn dan kamen/die menschen die sich verhaltē heten in den grůben od̄ hölern fyengen an ain aůfrůr zů machen/vermainten wir es bescheche darumb das sy vns überfallen vn̄ vns nach eylen wolten vn̄ verliessen die kye růsten vns zům harnesch vnd zů vnsern wören/Also die zwen schwartzen so

c ij

die kye vns halfen treyben zaygtē vnß wir solten vns nit fyrchten/vn̄ dero ainer eylet hynder sich vn̄ saget vns da er wider zů vns kam/das sy mit ainander kryegten vmb die schellen die yetlicher haben wolt/ Also lyeß wir sy kryegen vnd wir tryben die kye biß auff den andern berg/zů oberst da schyeden sich die zwen schwartzen von vnß wyder hynder sich iren weg/An dem absteygen des berges zugen wir durch ain wald bey fünf meylen lang/in wólchē wir sache vast vil pämlein mit Cubeblem ston/Vns begegneten auch im selben wald etlich helfand die machten vns ain so große forcht das wir vō not wege etlich kye müsten lauffen lassen/Die fluchen gerichtz wider hynder sich über das gebyrg/Mit den übrigen kamen wir zů vnserm schiff/da das selb mit aller notturfft versechen vnd gerüst was styessen wir wider von land gegen dem ort/Capo de bona sperantza Also genant/Vnd über füren bey der ynsel sant Lorentzen ist gelegen vō dem land achzig meyl/Des selben der künig von portugal auch ayn herr ist/Ich gelaub auch vestigklichen will got dem selben christenlich künig fyr an genad vnd sig verleychen wie dan yetzund ain zeyt her beschechen ist/das er werd sein der mechtigest künig der welt als ich sein auff nemen vnd siglich kriegen gesechen hab in india vnd in ethiopia/Das beschicht auß gůter christenlicher ordnung seiner getrewen verwalter/Wan wenig feyrtag die hin gend im iar daran nit getaufft werden in Cuzin zechen zwelff oder fünffzechen hayden oder apgötereyer Des geleychen auch an andern orten allenthalben in sein eroberten landen/Darumb er als ich gentzlich gelaub döster mer gelück vnd syg von got hat.

Capitel von Capo de bona sperantza.

Die ynsel Capo de bona sperantza ist so vil in teytsch als das ort gůter hoffnung/darbey wir fyr fůren auf zway hundert meyl Wan es begegnet vns ain wider wind/Das darumb wann auff der lyngken hand ist die ynsel sancti laurenci vn̄ vil ander mer ynseln bey wólchen an vnß kam ain über große fortuna die weret bey sechs tagen lang vn̄ mit hilff gotes kamen wir darnach auß diser vngestemigkayt/vnd als wir darnach zway hundert meyl gefaren waren/noch dannocht hetten wir vngestyeme des mòres/Nach den selben tagen ließ es nach/Da samelten sich dye schyff mit dem volck allenthalben auff dem mòr zů samen fůren wider myt ayn ander des wegs gegen portugal/Enzwischen der selben fart ist nichtz nit frembdes mer zů

sechen/ Vnd die naue oder das schyff darauff ich fůr was aynes flo-
rentiners genant Bartholomeo wonhaft zů lisabona die naue hyeß
man das schyf sant vintzecen was geladen mit siben tausent Cant-
ern oder zentner spetzerey aller gattung Myttels wegs fůren wyr
hyn neben ayner ynsel sant Helena

Da sache̅
wir zwe̅
fysch fyr war
yetweder So
groß als ayn
mychel hauß
Die erhůbten
sich über das
wasser / Bey
dreyen schtyte̅
an zů sechen
allain ir for
der tayl / Be
sund dero ay
ner sych / Zů
vns nachnett
vnd beweget das wasser myt seinem schwymen so vast das wyr all in
forchten waren vnd lůden vnsre geschütz/ Nachend bey ainem fyer
tayl ainer stund verliessen sy vnß / Darnach kamen wir zů ainer an
dern ynsel genant die Ascensione im teytsch die auffart/ Bey der sel
ben sachen wir etlich vögel in der grösse wie die äntten die flogend zů
vns in das schiff zů růwen wie wol vil menschen vnd vich da stond-
en/ So hetten sy doch darab kain scheüchen vnd lyessen sich auff he-
ben mit den henden So sy gefangen wurden bedaucht sy ain frembd
ding sein vnd schaweten ainen menschen in das angesicht das in die
menschen seltzam waren/ In diser ynsel ist nicht anders dan vich vö-
gel vnd wasser/ Als wir von dyser ynsel gefaren kamen/ Da sachen
wir wider vnsern stern tramontana/ nach dem erraychten wir über
etlich tag gar ain hüpsch land genant die ynsel der habich vnd ander
mer ynseln Bicco Caruo der Plomen Sant jörgen Graciosa vnd
Feyal/ Darnach lendeten wir zů in der ynsel/ Tertiera dye alle dem
künig von portugal zů gehörent/ Daselbst beliben wir zwen tag vnd

c iij

diße ynßlen seind all vast fruchtpar vnd wol bewont/Darnach schye den wir von dannen vnd fůren gegen dem land portugal das wir erraychten in siben tagen/Da ich das ansichtig ward ist wol zů glauben das mein hertz frewd het wan mich gedaucht ich sehe mein vatterland/wie wol ich noch fert võ dem selben was vñ ich saget got lob vnd danck seiner gnaden/ich stond auß auff das land vnd gyeng hin ein in die edelstat Lisabona/Wölche wol gezöllt mag werden in der zal der besten stöt aine die ich gesechen hab auff diser rays/Als ich aber dem künig nit zů lisabona fand macht ich mich auff von dannen sein mayestat zů suchen/Die fand ich in ainer andern stat genant almado gegen Lisabona übergelegen/So bald ward ich fyr gelassen Ich kusset seiner mayestat die hand vnd er thet mir vil eren vnd grosse fraintschafft auff/Hyelt mich etwan manig tag bey im an seinem hoff zů erfaren von mir die leyff vnd sitten in india/Ich zayget im auch den bryeff von seiner mayestat stathalter in india von meyner ritterschafft den er mir gegeben het/Vñ bat sein mayestat wölte mir den selben bestetige mit seinem handzaychen vñ jnsygel/Als er den geleßen het was sein mayestat gůtwillig/Hyes mir darzů machen ayn sicherhayt vñ gelaytz bryeff durch alles sein künigreych vnd gab mir ain genädigs vrlaub/Nach etlich wenig tagen die ich belib zů Lisabona saß ich wider auff das mör vnd fůr mit gelück vñ gůtem wind Fyr farend vil porten land vnd stöt die ich vmb kürtzung willen nit beschreybe so ir gelegenhayt namen vnd sitten wol bekant seynd/Vñ kam also in die stat rom die das haupt ist aller christenhayt/Got ain schöpffer aller diser wunderperlichen geschöpfft sey lob vnd eer ewiglichen Amen.

¶ Zů nutzperkayt denen die da geren hetent vnd erfarent võ vil seltsamen Landen vnd Prouintzen auch von iren gebreychen vnd Manyeren die sy sich dan darin gebrauchen ist das Büchlin von dem weyt erfarnen vñ gestrengen Ritter Ludowico Vartumans von Bolonia seyner Ritterlichen datten vñ erfarungen auß welscher zungen in teytsch transferyert vnd seligklichen volend worden in der Rayserlichen stat Augspurg in Kostung vnd verlegung des Ersamen Hansen Millers der jar zal Christi 1. 5. 1 5. An dem. sechzechenden Tag des Monatz Junij.